JN419302

흰 실로 뜨는 스웨터

사이치카 지음

마피아싱글하우스

CONTENTS

후나코시 가쓰라(舟越 桂, Funakoshi Katsura)
조각가의 『겨울의 책』(1988년)이라는 조각 작품
으로부터 영감을 받아 흰 실과 제가 뜬 옷을 입어줄
모델 찾기부터 책 만들기가 시작되었습니다.

모델 모토라 세리나의 분위기와 어딘가를 향해
나긋하게 머무는 눈빛이 왠지 그 조각과 닮아있어
이야기를 엮어가듯 흰 스웨터를 한 장 또 한 장
떠가기 시작하였습니다.

뜨개질로 완성된 흰 스웨터들은
뜨개코의 음영에 다양한 흰색의 변화를 보여주는
재치 있는 일상복 스타일의 스웨터들입니다.

그림책 같은 멋진 스타일링과 사진들,
그리고 친절한 설명이 담긴 아주 따스하면서도
사랑스러운 책이 완성되었습니다.

이 책과 함께하는 여러분들도 모쪼록 기분 좋게
뜨개질하는 시간을 보내시길 바랍니다.

작가 사이치카

잎맥 무늬 스웨터

 식물이 물을 빨아올리는 잎맥 무늬를 표현해보았어요. 요크의 칼라 부분부터 뜨기 시작하는 톱다운 스웨터로, 쿤스트뜨기에서 힌트를 얻어 만들었답니다.

Yarn : 하마나카 소노모노
　　　알파카 울《병태사》
How to make : p.44

B

에이프런 드레스

추운 아침에도 일찍 일어나고 싶어지게
하는 에이프런 드레스는 어떤가요?
가느다란 바게트 같은 꽈배기뜨기와
벌집무늬를 포인트로 떠 보았답니다.
볼록한 주머니에는 다람쥐가 겨울잠에
빠져 있다는, 기분 좋은 이야기가 들어있
을 듯하네요.

Yarn : 하마나카 소노모노
　　　알파카 울《병태사》
How to make : p.46

C

다이아몬드 무늬 아란 스웨터

반짝반짝한 무늬와 메리야스뜨기의 대비가 신선하고 경쾌한 느낌을 주는 아란 스웨터입니다.
기본이 되는 다이아몬드 무늬를 세 가지 타입으로 어레인지해서 배치해보았어요.
무늬 부분은 증감코 없이 앞뒤 몸판을 앞 밑단에서부터 어깨, 등까지 이어서 뜨세요.

Yarn : 하마나카 소노모노
        알파카 울《병태사》
How to make : p.49

라이더 장갑

D 추운 날에는 장갑을 하나 더 덧대서 낄 수 있는, 장갑이라기보다는 글러브 이미지에 가까운 통통하면서도 튼튼한 장갑입니다. 탄탄한 뜨개바탕은 코바늘뜨기로 아란 무늬를 떴답니다.

Yarn : 하마나카 엑시드울FL《합태사》
How to make : p.52

싸개 스타일 재킷

E 심플한 뜨개 바탕이지만 밑단에 다트를 넣어 편안하고 예쁜 실루엣이 되었어요. 어깨 부분을 접듯이 입을 수도 있고 재킷 앞부분을 많이 겹치게 해서 입을 수도 있어요. 게다가 앞뒤를 거꾸로 해서도 즐길 수 있는 실용적인 디자인이랍니다.

Yarn : 하마나카 소노모노 알파카 울
How to make : p.54

벌룬 스웨터

F 원통뜨기로 뜨는 벌룬 실루엣의
스웨터는 커다란 풍선을 뜨개질해
나가듯 중간에서 코를 늘리면서
부풀려갑니다.

Yarn : 리치모어 캐시미어 야크
How to make : p.58

생명의 숲
라운드 요크 아란 무늬 스웨터

G 아란의 전통적인 무늬 중에서도 제일
좋아하는 생명의 나무 패턴을 쭉 연결
했더니 신비한 생명의 숲, 아란 스웨
터가 탄생했습니다.

Yarn : 하마나카 소노모노 알파카 울
How to make : p.66

눈꽃 요정 룸슈즈

H 눈꽃 요정이 신는 눈 짚신 같은 룸슈즈가 갖고 싶었답니다.
짚으로 엮은 듯한 뜨개코가 돋보이는 룸슈즈를 만들어보았어요.

Yarn : 하마나카 소노모노 후왓토
How to make : p.70

화가의 스모킹 스웨터

메리야스뜨기를 대담하게 스모킹 해나가는 패턴이라서 스모킹 기법만의 독특한 멋이
살아있습니다. 게다가 칼라 부분도 뜨개질로 마무리하여 귀여움을 더했답니다.

Yarn : 하마나카 아메리
How to make : p.72

I

캐시미어 탱크톱 & 스웨터

바탕 무늬가 아름답고 심플한데다가 가볍고 따뜻하고 기분 좋기까지 하답니다.
캐시미어로 뜬 옷들을 데일리 룩으로 입어보는 건 어떨까요?
이 패턴은 북유럽에 아주 오래전부터 있었던 별 모양을 어레인지 하였습니다.
오래도록 입을 수 있는 소중한 옷이 되길 바라며 말이지요.

J / K

Yarn : 리치모어 캐시미어
How to make : J 탱크톱/p.64   K 스웨터/p.59

L
산딸기 무늬 스웨터

걸기코와 줄임코의 심플한 테크닉으로 뜨는 스캘럽 스웨터는 어떤가요?
달콤하면서 다정한 분위기는, 뜨개질하는 도중에 산딸기를 따듯 긴뜨기
의 구슬을 흩뜨려서 만들었답니다.

Yarn : 하마나카 소노모노 헤어리
How to make : p.74

철학자 스톨

M 묵묵하고 담담하게 떠도 좋고, 긴긴밤 꾸준히 떠도 좋답니다.
3코 시작코로 시작해서 2단마다 늘림코를 반복하며 한 코 한 코
늘어가는 뜨개바탕을 즐겨보세요. 원하는 사이즈로 바꿔 뜰 수도
있답니다.

Yarn : 리치모어 알파카 레제로
　　　 하마나카 넨네
How to make : p.76

겨울 모자

N 늘림코와 줄임코가 개성적인 고무뜨기의 흐름을
만들어내는 라트비아의 패턴을 모자에 어레인지
해보았어요. 뜨다 보면 점점 속도가 붙어 순식간
에 뜰 수 있다는 것도 장점이지요.
차가운 북쪽 바람이 불어온 뒤부터 뜨기 시작해도
늦지 않을 거예요.

Yarn : 하마나카 소노모노 후왓토
How to make : p.78

O

매니시 베스트

영화 『애니 홀』에 나오는 매니시 베스트를 꼭 한번 떠 보고 싶었답니다.
심플한 2코 고무뜨기는 한꺼번에 4코를 줄이면 줄임코 자체도 샤프하고
멋져 보이지요. 프리 사이즈의 홀터넥은 신선한 느낌도 전해줍니다.

Yarn : 하마나카 엑시드 울 L《병태사》
How to make : p.80

양말 뒤꿈치 모양 가방

P 양말의 뒤꿈치 한 켤레만큼을 계속 떠서 이어주면 가방 모양이 되는,
뜨개질도 즐거운 테크닉 패턴이에요. 두 종류의 실을 사용한 덕분에
랩앤턴 기법이 더욱 효과적으로 살아나지요.

Yarn : 하마나카 소노모노 루프
　　　 하마나카 소노모노《초극태사》
How to make : p.84

스모킹 장갑

 스모킹은 가장 좋아하는 기법 중 하나입니다.
이 뜨개 기법은 저의 시그니처 기법으로, 짱짱하게 뜰 수 있어 무늬가 샤프하게
드러난답니다. 켈트 문양을 닮은 멋스러운 장갑을 떠 보세요.

Yarn : 하마나카 소노모노 알파카 울
How to make : p.82

물결치는 파도 무늬 스톨

R 한쪽에서는 울, 다른 한쪽에서는 실크.
게이지도 소재도 전혀 다른 실을
같은 줄바늘의 양옆에서부터 랩앤턴 기법으로
번갈아 삼각형을 떠서 이어주세요.
그러면 파도처럼 재미있는 텍스타일이 나타납니다.

Yarn : 하마나카 소노모노 알파카 릴리
　　　 리치모어 실크 코튼〈파인〉
How to make : p.41

뜨개 포인트 레슨

여기서는 작품에 사용한 뜨개질 테크닉을 사진으로 설명하고 있습니다.

Q 스모킹 장갑 p.33 / p.82

◎ **스모킹** ⚊⚊⚊ **뜨는 법**　　p.20 / p.72 'I 화가의 스모킹 스웨터' 무늬뜨기도 같은 방법으로 뜹니다.

1 스모킹의 4코를 돌려뜨기, 안뜨기, 안뜨기, 돌려뜨기로 뜬다.

2 4코를 왼쪽 바늘로 다시 옮긴다. 4코 앞의 코와 코 사이에 오른쪽 바늘을 넣고, 실을 걸어서 끌어낸다.

3 끌어낸 코를 왼쪽 바늘로 옮긴다.

4 3에서 왼쪽 바늘로 옮긴 코를 겉뜨기로 뜬다.

5 오른쪽 바늘에 4코를 옮긴다.

6 4에서 뜬 겉뜨기를 4코에 덮어씌우고 바늘에서 빼낸다.

7 바늘에서 빼낸 모습.

8 실을 당겨 꽉 조인다.

9 같은 방법으로 계속 뜬 모습.

D 라이더 장갑 p.10 / p.52

◎ 긴뜨기 5코 변형 구슬뜨기 앞걸어뜨기 ⬭ 뜨는 법

1 바늘에 실을 건 뒤 화살표처럼
2단 앞의 짧은뜨기 다리에
바늘을 넣는다.

2 실을 걸어서 끌어낸다
(첫 번째).

3 같은 방법으로 바늘에 실을
걸어서 끌어내는 과정을
5번 반복한다.

4 5번 끌어내고 나면 바늘에
실을 걸어서 화살표처럼
빼낸다.

5 한 번 더 바늘에 실을 걸어서
한꺼번에 빼낸다.

6 ⬭ 을 뜬 모습.

◎ 세길긴뜨기 앞걸어뜨기의 교차뜨기 〰〰 뜨는 법

1 바늘에 실을 3번 감고 6코
앞의 코의 기둥에 화살표처
럼 바늘을 넣는다.

2 바늘에 실을 걸어서 끌어낸
뒤 세길긴뜨기를 뜬다.

3 같은 방법으로 다시 3코를
뜬다.

4 세길긴뜨기를 4코 뜬 모습.

5 짧은뜨기를 1코 뜬 뒤 바늘에
실을 3번 감고 화살표처럼 코
를 주워 세길긴뜨기를 뜬다.

6 같은 방법으로 다시 3코를
뜬다.

7 4코를 교차해서 뜬 모습.

8 계속해서 뜬 모습.

◎ 무늬뜨기를 뜬다

1 36코 시작코를 만들어 원통형으로 만든다.

2 둘째 단. 1코와 2코를 오른코 겹쳐 2코 모아뜨기로 뜬다. 18코까지 기호도대로 뜬다.

3 18코와 19코 사이에 콧수표시링(분홍색)을 달아둔다. 19코와 20코를 오른코 겹쳐 2코 모아뜨기로 뜬다.

4 둘째 단을 떠서 34코가 된 모습. 뜨기 끝부분에 콧수표시링(초록색)을 달아둔다.

5 셋째 단. ▨을 뜬다. 첫째 코와의 사이에 걸쳐진 실을 오른쪽 바늘로 화살표처럼 건진다.

6 건진 실을 왼쪽 바늘로 옮긴 뒤 오른쪽 바늘로 안뜨기의 돌려뜨기를 뜬다.

7 걸쳐진 실을 안뜨기의 돌려뜨기로 뜬 모습. 분홍색 콧수표시링까지 뜬다.

안뜨기의 돌려뜨기

8 5와 같은 방법으로 ▨을 뜬다. 화살표처럼 걸쳐진 실을 건져 왼쪽 바늘로 옮긴다.

안뜨기의 돌려뜨기

9 안뜨기의 돌려뜨기로 뜬다. 같은 방법으로 4단은 콧수표시링의 다음 코와의 사이에 걸쳐진 실을 건진 뒤 돌려뜨기로 늘린다 ▨.

10 단마다 2군데에서 코늘림(홀수 단은 안뜨기의 돌려뜨기, 짝수 단은 돌려뜨기)과 2코 모아뜨기의 코줄임하여 19단까지 뜬다.

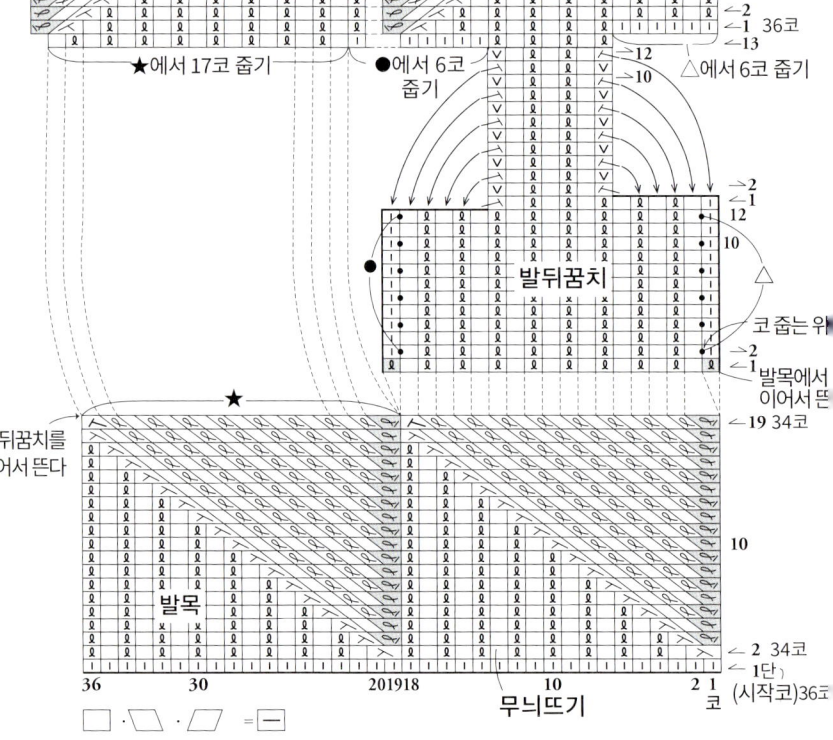

★에서 17코 줄기 ●에서 6코 줄기 △에서 6코 줄기

2
1 36코
13

12
10

발뒤꿈치

2
1
12
10

코 줍는 위

2
1
발목에서 이어서 뜬

발뒤꿈치를 이어서 뜬다

★

19 34코

10

2 34코
1단
발목

발목에서 이어서 뜬

무늬뜨기

36   30   201918   10   2 1 코 (시작코)36코

□ · ◻ · ◿ = —

◎ 발뒤꿈치 뜨는 법

1 발뒤꿈치의 12단까지 왕복으로 뜬 뒤 1단의 2코 모아뜨기의 앞(12번째 코)까지 뜬 모습.

오른코 겹쳐 2코 모아뜨기

2 오른코 겹쳐 2코 모아뜨기를 뜬다.

(안) 걸러뜨기

3 둘째 단.
뜨개바탕을 뒤집은 뒤 오른쪽 바늘에 뜨지 않고 코를 옮긴다(걸러뜨기).

(안)

4 5코 뜬다.

(안) 왼코 겹쳐 2코 모아 안뜨기

5 안을 보고 뜨기 때문에, 왼코 겹쳐 2코 모아 안뜨기로 뜬다.

걸러뜨기

6 셋째 단. 겉으로 뒤집어서 걸러뜨기를 한다.

오른코 겹쳐 2코 모아뜨기

7 5코 뜨고 오른코 겹쳐 2코 모아뜨기를 뜬다.

8 같은 방법으로 2코 모아뜨기와 걸러뜨기를 반복하여 12단까지 뜬다.
발뒤꿈치를 뜬 모습.

콧수표시링
7코
콧수표시링
6코(●)

9 13단. 겉으로 뒤집어서 발뒤꿈치의 7코를 뜬 뒤 이어서 ●표시에서 6코를 줍는다.

17코
6코
(△)
1단

10 쉼코(★)의 17코, △표시에서 6코를 주워 3개의 바늘로 나눈다.
△에서부터 발바닥 쪽의 1단이 된다.

11 발바닥 쪽, 발등 쪽을 이어서 원통형으로 뜬다.

12 완성.

R 물결치는 파도무늬 스톨 p.34 / p.41

◎ **랩앤턴의 단 정리** ※ 여기서는 소노모노 알파카 릴리를 알파카, 실크 코튼〈파인〉을 실크 코튼으로 표기하였습니다.

1 알파카 실로 랩앤턴(경사뜨기, p.87 남기고 뜨는 랩앤턴 참조)을 하면서 82단 뜬 모습.

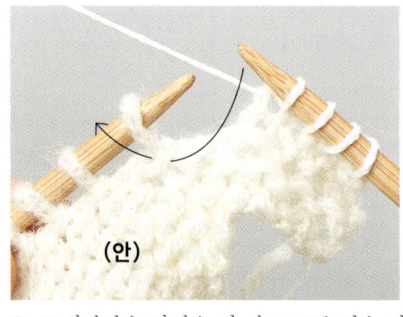

2 뜨개바탕을 뒤집은 뒤 실크 코튼 실을 이어서 4코 겉뜨기로 뜨고, 랩앤턴의 아랫부분의 감긴 코에 실을 뒤쪽으로 두고 화살표처럼 오른쪽 바늘을 넣어서 건진다.

3 건진 코를 왼쪽 바늘로 옮긴다.

4 왼코 겹쳐 2코 모아뜨기를 겉뜨기로 뜬다. 단 정리를 한 번 끝낸 모습.

5 같은 방법으로 아랫부분에 감긴 코를 왼코 겹쳐 2코 모아뜨기하여 떠 나간다. 이런 식으로 1단을 뜨면서 모든 코에서 단 정리를 한다.

6 10코 남을 때까지 뜨고 나면 실을 앞쪽으로 두고 걸러뜨기를 한다.

7 실을 뒤쪽으로 둔 뒤 걸러뜨기를 왼쪽 바늘로 다시 옮긴다.

8 걸러뜨기를 다시 옮긴 모습. 뜨개바탕을 겉으로 뒤집는다(랩앤턴).

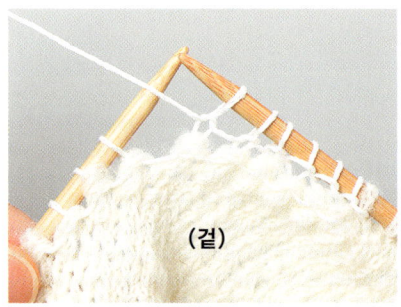

9 2단은 안뜨기로 뜬다.

10 랩앤턴을 하면서 12단 뜬 모습. 계속해서 82단까지 뜬다.

11 실크 코튼 실로 82단 뜬 모습. 알파카 실로 바꿔 9코 겉뜨기를 뜬 뒤 **2~5**와 같은 방법으로 단 정리를 하고 랩앤턴을 하면서 뜬다.

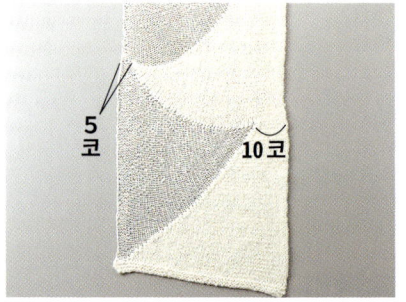

12 계속해서 뜬 모습. 실크 코튼은 5코, 알파카는 10코가 이어지며 이후에도 실을 자르지 않고 떠 나간다.

R
→ p.34, 35 물결치는 파도무늬 스톨

실… 하마나카 소노모노 알파카 릴리(1 볼 40g)
　　　내츄럴 화이트(111) 90g
　　　리치모어 실크 코튼〈파인〉(1 볼 25g)
　　　화이트(1) 50g
바늘… 10 호 40cm 줄바늘
게이지… 메리야스뜨기 • 안메리야스뜨기
　　　　15.5코×25 단 = 가로세로 10cm
사이즈… 폭 35cm×길이 136cm (늘어나면 150cm)

◎ 뜨는 방법

　실은 지정된 실 1 가닥으로, 줄바늘로 왕복해서 뜬다.

　손가락에 실을 걸어 코를 만드는 방법으로 55코를 시작코로 만든 뒤 가터뜨기를 6단 뜬다.

　이어서 메리야스뜨기로 남기고 뜨는 랩앤턴(p.87 참조)을 하면서 82단을 뜬 뒤 실을 쉬어둔다(①).

　반대쪽에 실을 이은 뒤 안메리야스뜨기로 남기고 뜨는 랩앤턴을 하면서 뜨는데 첫째 단은 단 정리(p.40 참조)를 하면서 뜬다. 82단을 뜨고 실을 쉬어둔다(②).

　③～⑧은 각각 쉬어두었던 실로 ①, ②와 같은 방법으로 뜬다. 이후 메리야스뜨기를 6단 뜨고 뜨기 끝부분은 안뜨기로 코막음한다.

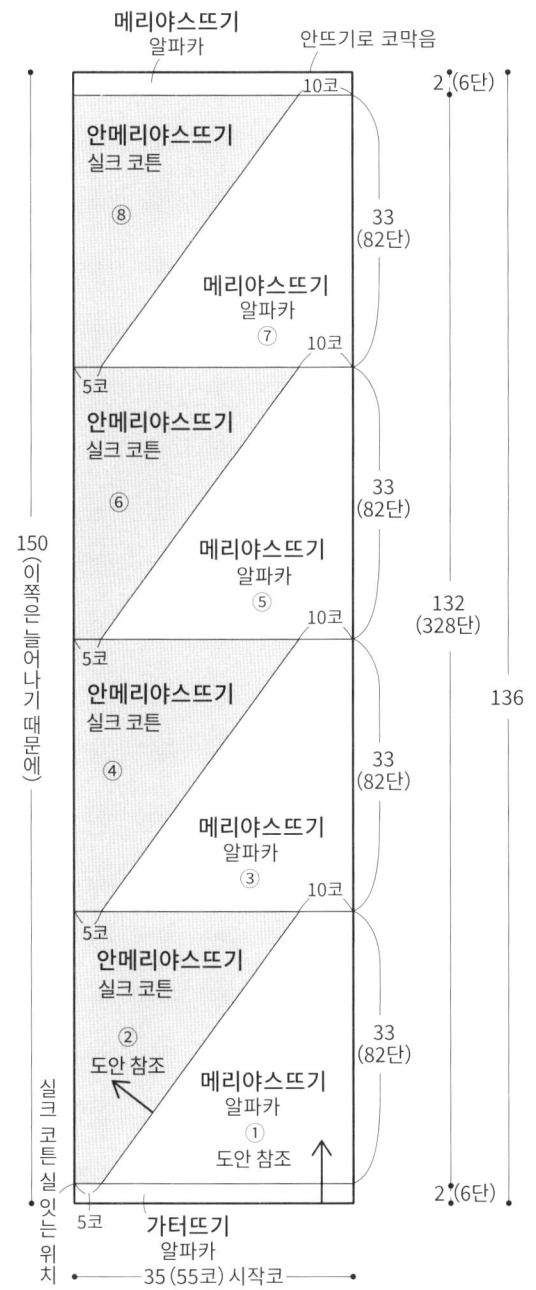

메리야스뜨기 알파카
안뜨기로 코막음
2(6단)
안메리야스뜨기 실크 코튼 ⑧
메리야스뜨기 알파카 ⑦
10코
33(82단)
5코
안메리야스뜨기 실크 코튼 ⑥
메리야스뜨기 알파카 ⑤
10코
33(82단)
132(328단)
150(이쪽은 늘어나기 때문에)
136
5코
안메리야스뜨기 실크 코튼 ④
메리야스뜨기 알파카 ③
10코
33(82단)
5코
안메리야스뜨기 실크 코튼 ②
도안 참조
메리야스뜨기 알파카 ①
도안 참조
33(82단)
2(6단)
실크 코튼 실 잇는 위치
5코
가터뜨기 알파카
35 (55코) 시작코

※ 소노모노 알파카 릴리를 '알파카'로,
　실크 코튼〈파인〉을 '실크 코튼'으로 표기

※ 실크 코튼 쪽이 늘어나서 길이가 달라진다

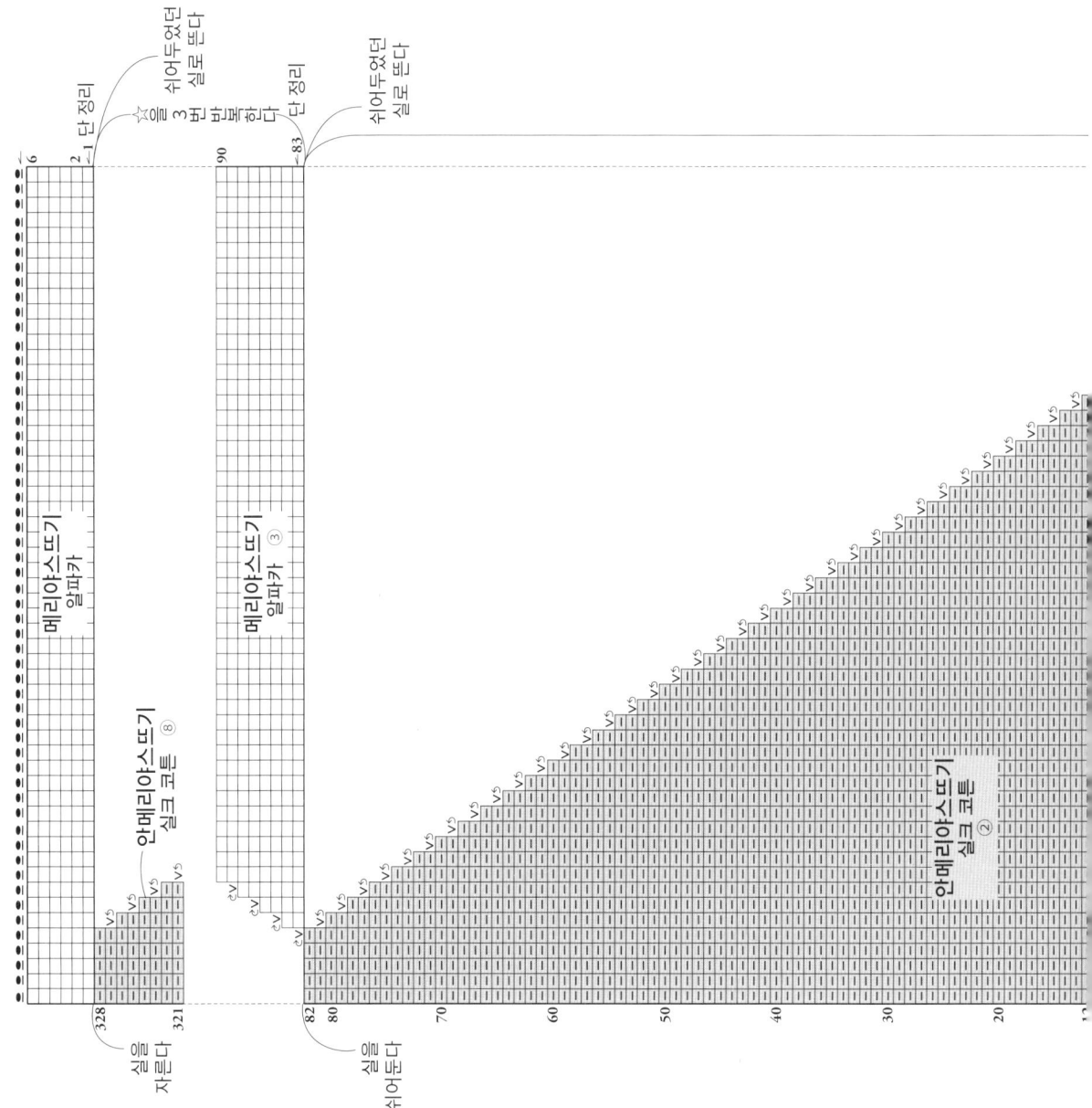

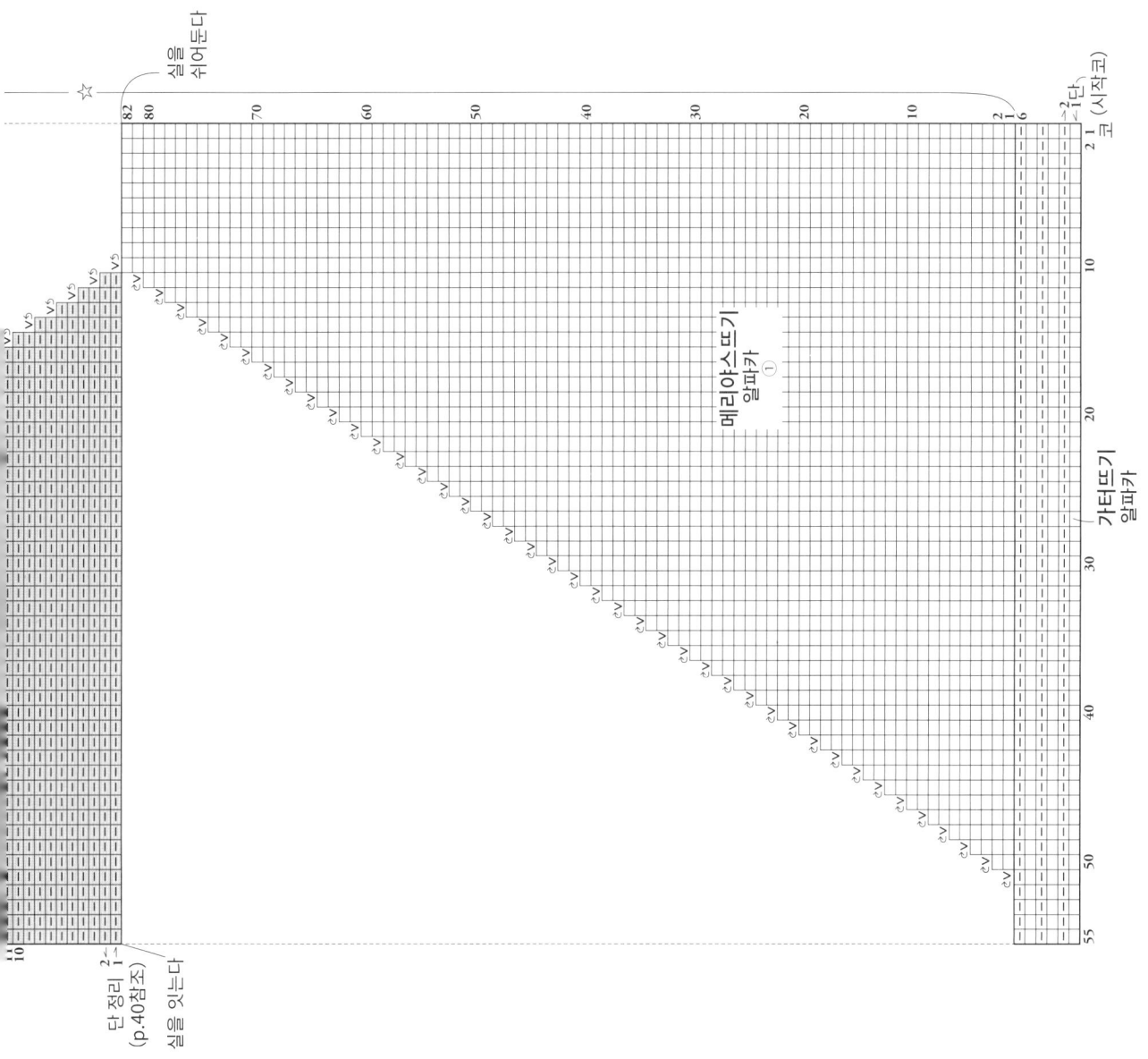

실을
쉬어둔다

☆

82 80 70 60 50 40 30 20 10 2 1 6 ←2단
코 1 (시작코)

메리야스뜨기
알파카 ①

가터뜨기
알파카

단 정리 2←
(p.40참조) 1→
실을 잇는다

□ = □ = |

⟂V・V⟄ = 랩앤턴
(p.87사진 참조)

43

실… 하마나카 소노모노 알파카 울《병태사》(1볼 40g)
내츄럴 화이트(61) 415g

바늘… 7호 40cm·80cm 줄바늘, 5호 대바늘(4개세트)

게이지… 무늬뜨기·메리야스뜨기
20코×25단 = 가로세로 10cm

사이즈… 가슴둘레 97cm×옷길이 55cm×소매길이 80cm

◎ **뜨는 방법**

실은 1가닥으로 뜬다. 목둘레는 손가락에 실을 걸어 코를 만드는 방법으로 시작코를 만들어 원통형으로 만든 뒤 변형 1코 고무뜨기로 뜬다. 이어서 요크를 무늬뜨기로 도안처럼 코를 증감하면서 뜬 뒤 쉼코로 마무리한다.

몸판은 요크에서의 코줍기와 옆선의 시작코(별도의 실을 사용하여 코 만드는 방법)를 원통형으로 만들어 메리야스뜨기와 변형 1코 고무뜨기를 뜬 뒤 뜨기 끝부분은 앞단과 같은 기호로 코막음한다.

소매도 요크에서의 코줍기와 소맷단의 시작코(별도의 실을 사용하여 코 만드는 방법)를 원통형으로 만들어 메리야스뜨기로 뜬다. 이어서 첫째 단에서 코줄임을 한 뒤 변형 1코 고무뜨기로 뜬다. 옆선과 소맷단의 시작코를 풀어서 코줍기를 한 뒤 6코씩을 메리야스 잇기로 한다.

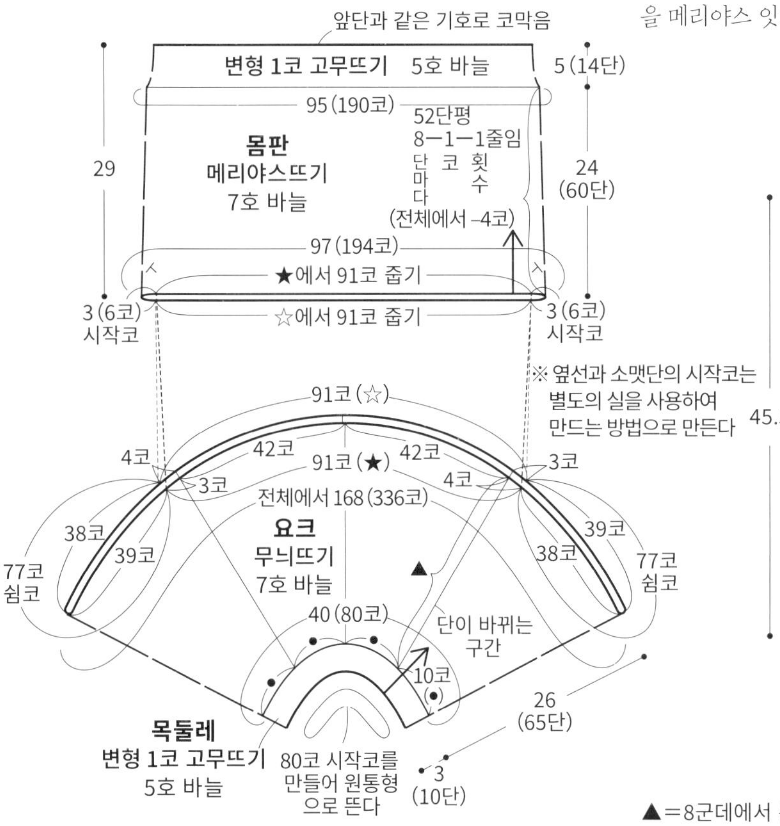

앞단과 같은 기호로 코막음

변형 1코 고무뜨기　5호 바늘　5(14단)

95(190코)

52단평
8-1-1줄임
단　코　횟
마　　　수
다
(전체에서 -4코)

몸판
메리야스뜨기
7호 바늘
29

24
(60단)

97(194코)

★에서 91코 줍기

☆에서 91코 줍기

3(6코) 시작코

3(6코) 시작코

※옆선과 소맷단의 시작코는
별도의 실을 사용하여
만드는 방법으로 만든다

91코(☆)

4코　42코　91코(★)　42코　4코

3코

전체에서 168(336코)

3코

38코

39코

요크
무늬뜨기
7호 바늘

39코

38코

77코 쉼코

77코 쉼코

40(80코)

단이 바뀌는 구간

10코

45.5

26
(65단)

목둘레
변형 1코 고무뜨기
5호 바늘

80코 시작코를
만들어 원통형
으로 뜬다

3
(10단)

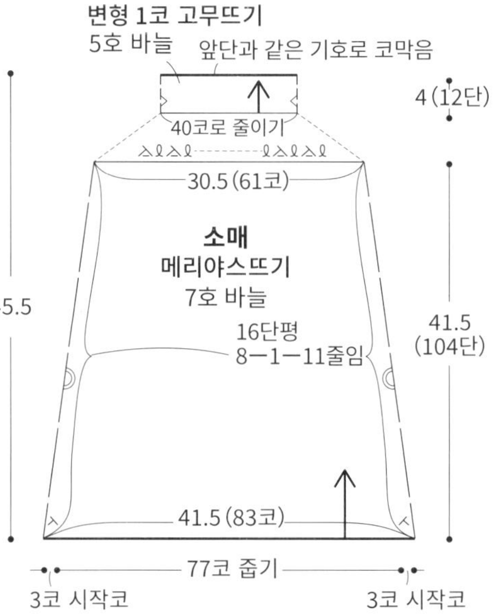

변형 1코 고무뜨기
5호 바늘

앞단과 같은 기호로 코막음

40코로 줄이기

4(12단)

30.5(61코)

소매
메리야스뜨기
7호 바늘

16단평
8-1-11줄임

41.5
(104단)

41.5(83코)

77코 줍기

3코 시작코

3코 시작코

▲=8군데에서 분산하여 증감한다
(도안 참조)

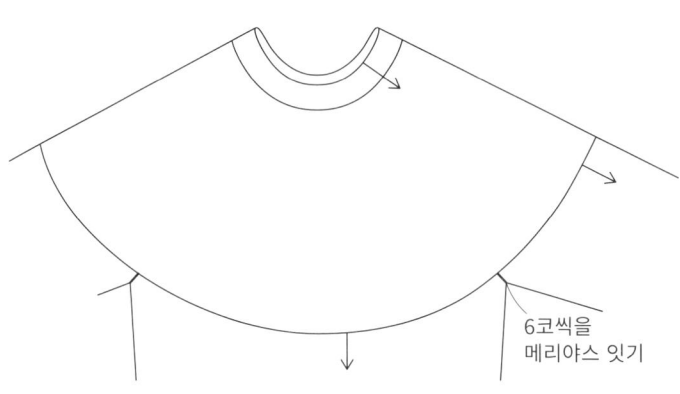

6코씩을
메리야스 잇기

목둘레, 요크 뜨는 법

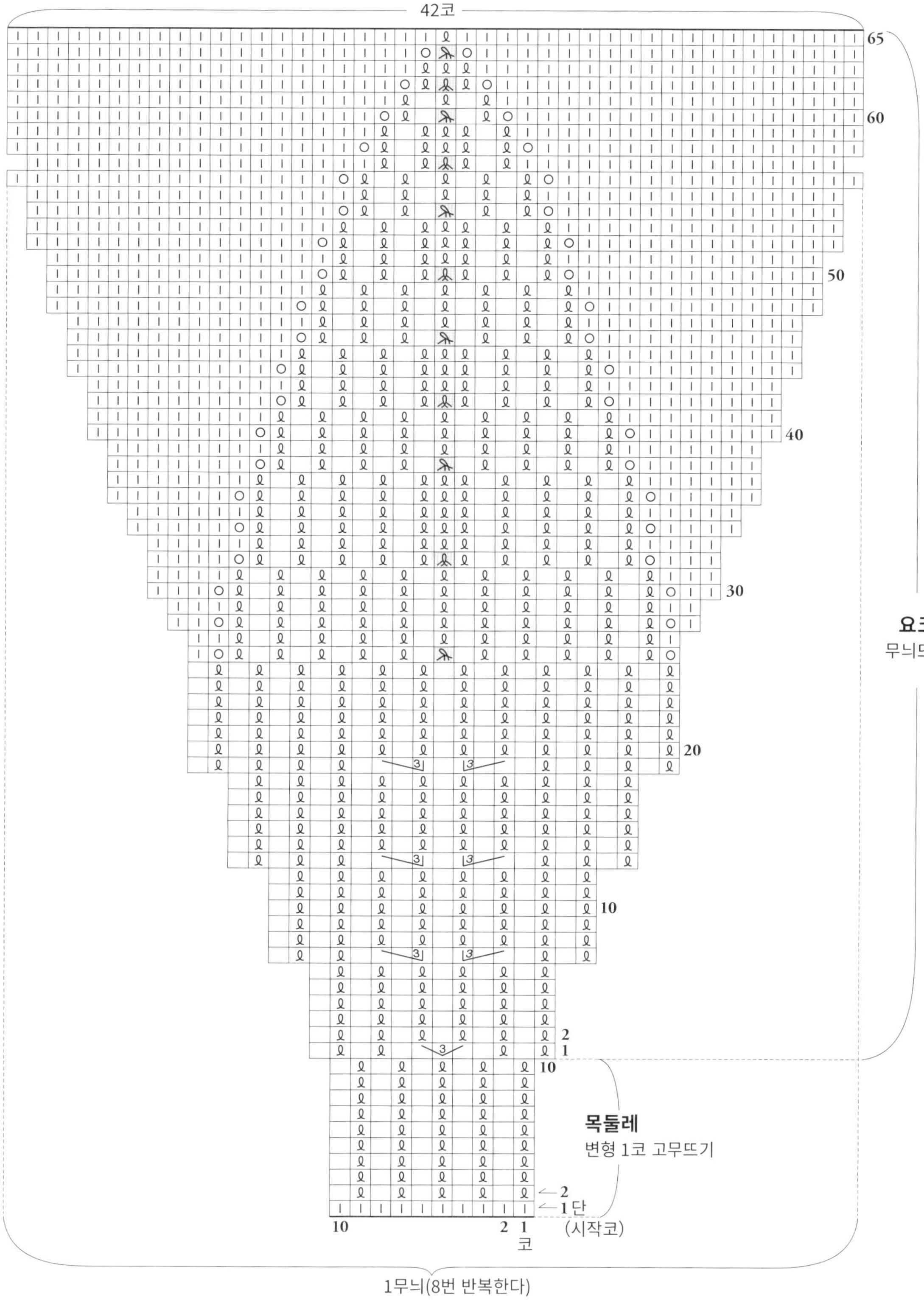

— 42코 —

65

60

50

40

30

요크
무늬뜨기

20

10

2
1
10

목둘레
변형 1코 고무뜨기

←2
←1 단
(시작코)

10   2 1
코

1무늬(8번 반복한다)

☐ = —

⋊ = 오른코 겹쳐 3코 모아뜨기
(p.91 오른코 겹쳐 3코 모아뜨기
의 방법으로 위가 되는 코를
돌려서 덮어씌운다

Ω = 중심 3코 모아뜨기
(p.91 중심 3코 모아뜨기
의 방법으로 중앙의 코를
돌려뜨기로 한다)

3 = 3코 구슬뜨기
(앞단의 코를 돌려서 겉뜨기,
안뜨기, 겉뜨기를 떠 넣는다)

B →p.6,7 에이프런 드레스

실… 하마나카 소노모노 알파카 울《병태사》(1 볼 40g)
내츄럴 화이트(61) 520g
바늘… 7호 80cm·60cm 줄바늘,
7·5호 막힘 대바늘(2개 세트),
5/0호 코바늘, 꽈배기바늘
부재료… 지름 1.8cm 단추 4개
게이지… 안메리야스뜨기 21.5코×27.5단 = 가로세로 10cm
사이즈… 밑단 너비 102.5cm×길이 (어깨끈 제외) 92.5cm

◎ **뜨는 방법**

실은 끈 끼울 고리 이외는 1가닥으로 뜬다.
본판은 손가락에 실을 걸어 코를 만드는 방법으로 시작코를
만든 뒤 7호 바늘로 무늬뜨기A를 뜬다.
이어서 가터뜨기, 안메리야스뜨기, 무늬뜨기B, C, 돌려뜨기
(겉뜨기), 1코 고무뜨기로 뜬다.
5호 바늘로 바꿔 1코 고무뜨기를 6단 뜬 뒤 좌우의 어깨끈
을 뜨고, 뜨기 끝부분은 앞단과 같은 기호로 코막음한다.
주머니도 본판과 같은 방법으로 뜬다.

끈도 같은 방법으로 시작코를 만들어 1코 고무뜨기로 뜨고
뜨기 끝부분은 코막음을 한다. 주머니와 끈을 지정된 위치에
달고 단추를 단다. 본판에 억지 단춧구멍을 만든 뒤 끈 끼울
고리를 떠서 꿰매어 단다.

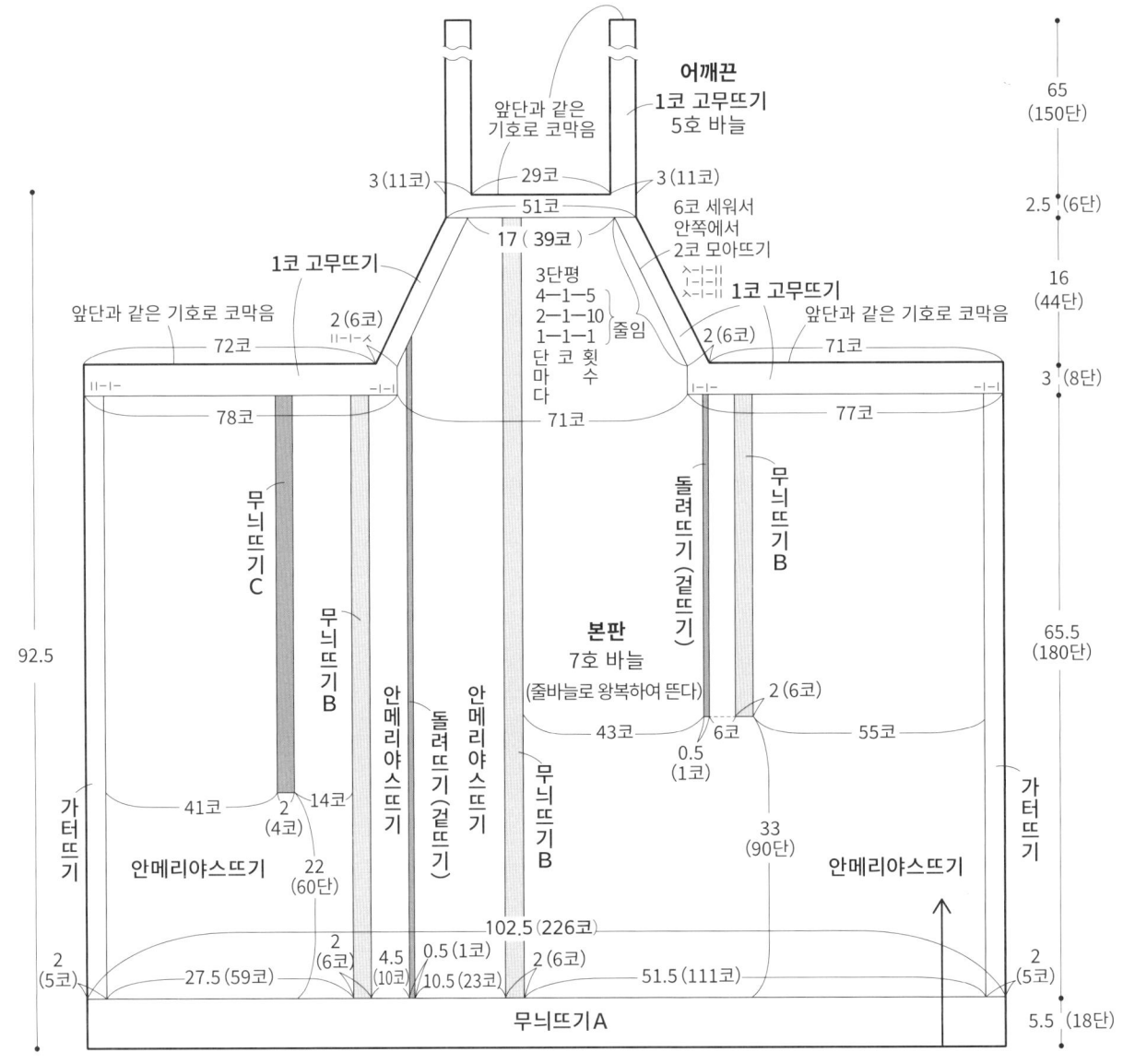

주머니 7호 바늘

무늬뜨기 B
무늬뜨기 C
안메리야스뜨기
앞단과 같은 기호로 코막음

1 (2코)
22 (50코)
20
2 (4코)
2 (6코)
3.5 (8코)
13.5 (30코)

14 (38단)

6 (20단)

무늬뜨기 A

50코 시작코

끈 2개
1코 고무뜨기 5호 바늘

앞단과 같은 기호로 코막음

87 (200단)

다 는 쪽

3 (11코) 시작코

무늬뜨기A 기호도

4단
6 1무늬
3
←1단 (시작코)

4 2 1 코

4코 1무늬

주머니 뜨기 시작 ←
본판 뜨기 시작 ←

□ = —

돌려뜨기 기호도

←2
←1단
1 코

무늬뜨기B 기호도

주머니뜨기시작 ↑

6단 1무늬
6
←2
←1단
6   2 1 코
본판 뜨기 시작

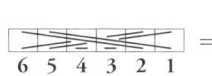 =
① 첫째 코, 둘째 코, 셋째 코, 넷째 코를 꽈배기 바늘로 옮겨서 앞쪽에 두고 다섯째 코와 여섯째 코를 겉뜨기로 뜬다.
② 셋째 코, 넷째 코를 왼쪽 바늘로 다시 옮기고 3,4의 순서대로 안뜨기를 뜬다.
③ 첫째 코, 둘째 코를 겉뜨기로 뜬다.

6 5 4 3 2 1

무늬뜨기C 기호도

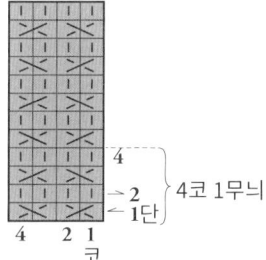

4
←2
←1단
4코 1무늬
4 2 1
코

왼쪽 가장자리의 가터뜨기 기호도

←2
←1단
2단 1무늬
5   2 1 코

오른쪽 가장자리의 가터뜨기 기호도

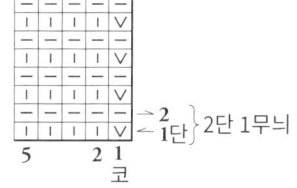

←2
←1단
2단 1무늬
5   2 1 코

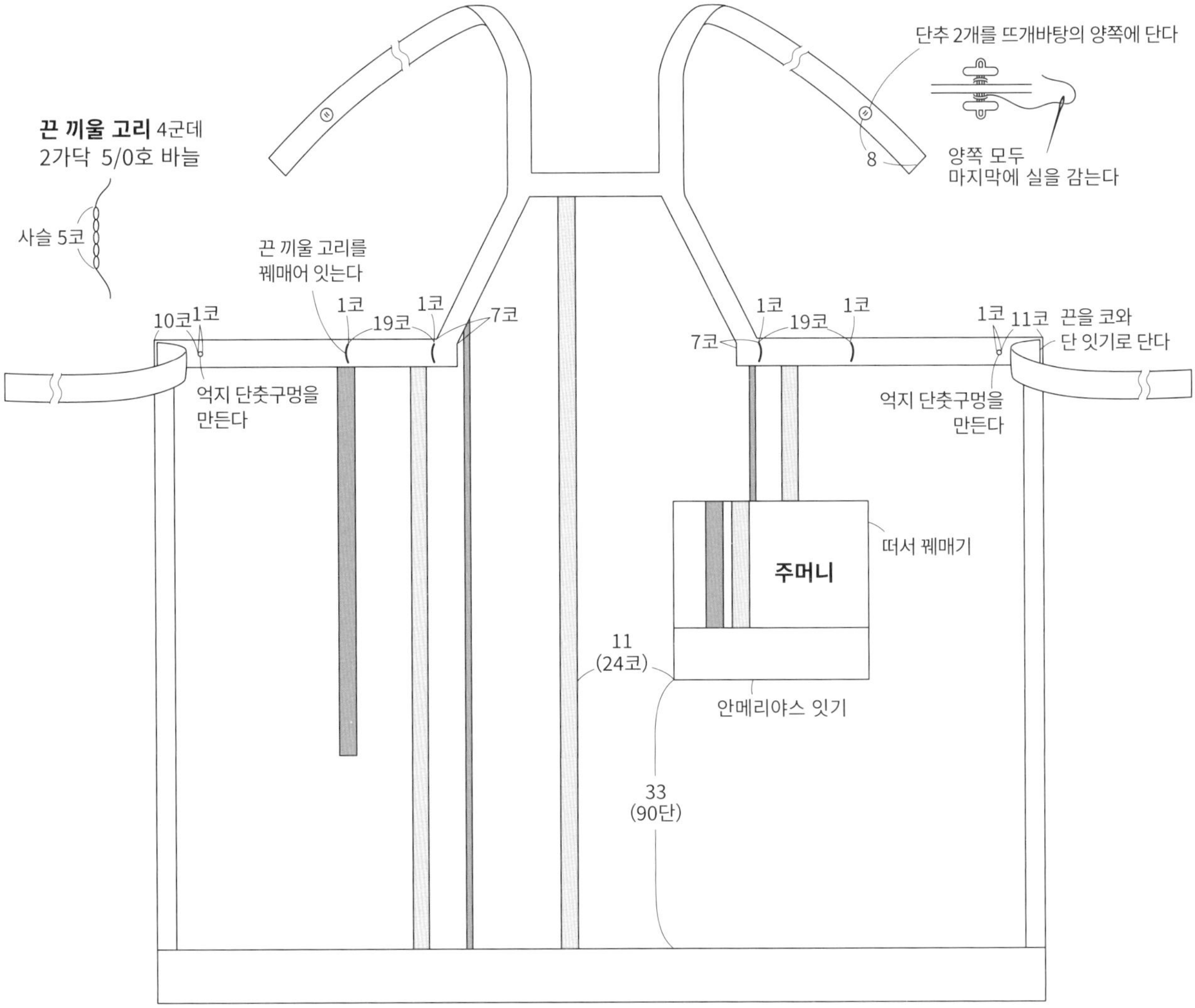

끈 끼울 고리 4군데
2가닥 5/0호 바늘

사슬 5코

단추 2개를 뜨개바탕의 양쪽에 단다

양쪽 모두
마지막에 실을 감는다

8

10코 1코

끈 끼울 고리를
꿰매어 잇는다

1코 19코 1코 7코

억지 단춧구멍을
만든다

1코 19코 1코

7코

1코 11코 끈을 코와
단 잇기로 단다

억지 단춧구멍을
만든다

떠서 꿰매기

주머니

11
(24코)

안메리야스 잇기

33
(90단)

억지 단춧구멍 만드는 법

시작코에 바늘을 넣어서
구멍을 넓힌 뒤 주위를
버튼홀 스티치로 감친다.

C → p.8, 9

다이아몬드 무늬 아란 스웨터

◎ 뜨는 방법

실은 1가닥으로, 지정된 바늘로 뜬다.

앞뒤 몸판은 앞 몸판의 밑단에서 뒤 몸판의 밑단까지 이어서 뜬다. 손가락에 실을 걸어 코를 만드는 방법으로 135코 시작코로 만든 뒤 1코 고무뜨기, 가터뜨기를 뜬다.

이어서 136코로 늘려 안메리야스뜨기, 무늬뜨기A~D로 뜨는데 무늬뜨기A~D는 증감 없이 뜨고 안메리야스뜨기의 가장자리 코에서 코를 증감한 뒤 목둘레 위치에서는 별도의 실을 떠 넣는다 (p.93「장갑 뜨개 포인트 ◎엄지손가락 구멍에 별도의 실을 떠 넣는 법」참조). 135코로 줄여 가터뜨기, 1코 고무뜨기를 뜨고, 뜨기 끝부분은 앞단과 같은 기호로 코막음한다. 소매도 같은 방법으로 시작코를 만든 뒤 1코 고무뜨기, 가터뜨기를 뜬다. 이어서 안메리야스뜨기, 무늬뜨기A, E, C를 뜨고, 뜨기 끝부분은 쉼코로 마무리한다.

목둘레의 별도의 실을 풀어 코줍기한 뒤 코막음한다.

소매를 코와 단 잇기로 달고 옆선, 소맷단을 떠서 꿰매기로 연결한다.

실··· 하마나카 소노모노 알파카 울《병태사》(1볼 40g)
　　　내츄럴 화이트(61) 540g
바늘··· 7호 · 5호 막힘 대바늘(2개 세트), 꽈배기바늘
게이지··· 안메리야스뜨기 20코 × 27단 = 가로세로 10cm
　　　무늬뜨기B, D, E
　　　18코 × 27단 = 가로 7cm × 세로 10cm
사이즈··· 밑단둘레 116cm × 옷길이 62.5cm × 소매길이 78cm

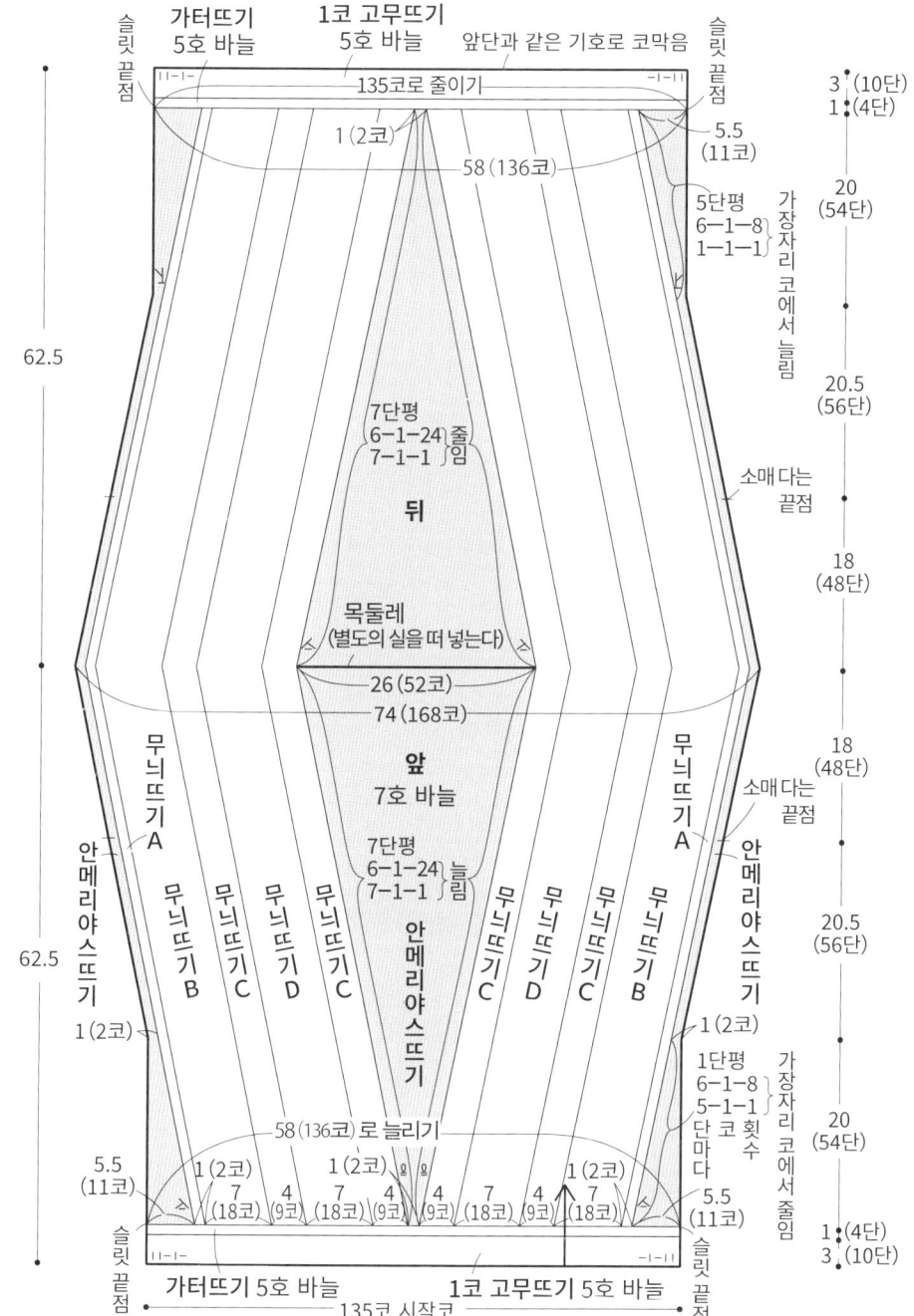

무늬뜨기A 기호도

4단 1무늬
6
3 ←2
←1단
2 1
코

무늬뜨기C 기호도

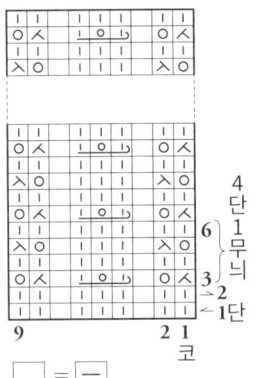

4단 1무늬
6
3 ←2
←1단
9 2 1
코

□ = —

무늬뜨기B 기호도

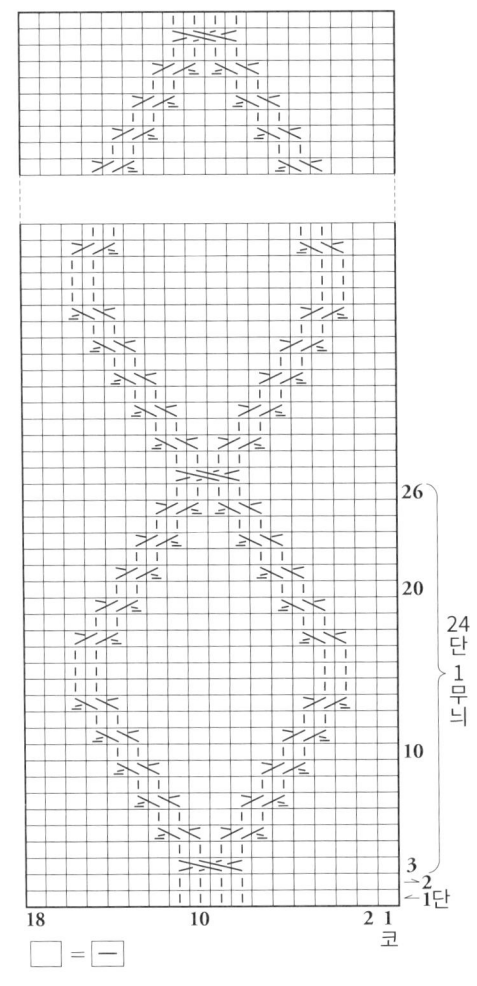

26
20
24단 1무늬
10
3
←2
←1단
18 10 2 1
코

□ = —

무늬뜨기D 기호도

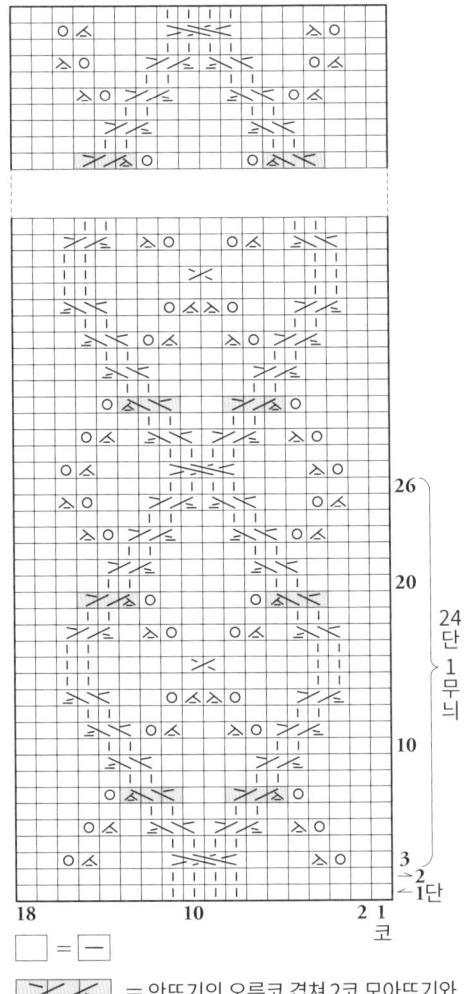

26
20
24단 1무늬
10
3
←2
←1단
18 10 2 1
코

= 안뜨기의 오른코 겹쳐 2코 모아뜨기와
겉뜨기 2코의 왼쪽 위 교차뜨기

= 겉뜨기 2코와 안뜨기의 왼코 겹쳐 2코
모아뜨기의 오른쪽 위 교차뜨기

가터뜨기 기호도

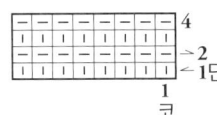

4
←2
←1단
1
코

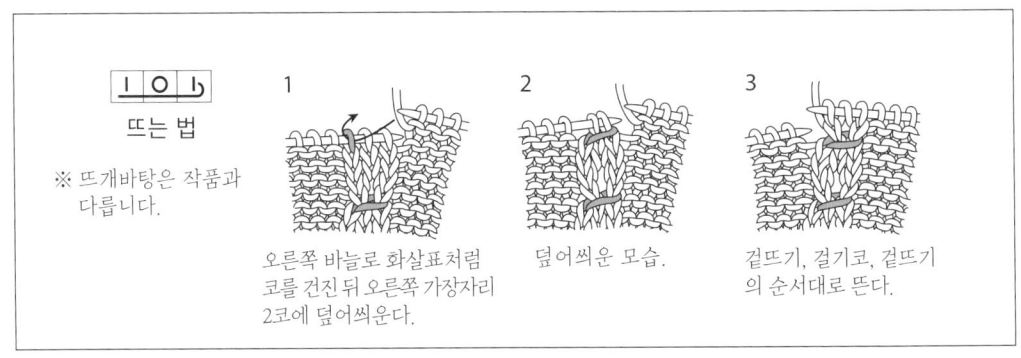

뜨는 법

※ 뜨개바탕은 작품과
다릅니다.

1
오른쪽 바늘로 화살표처럼
코를 건진 뒤 오른쪽 가장자리
2코에 덮어씌운다.

2
덮어씌운 모습.

3
겉뜨기, 걸기코, 겉뜨기
의 순서대로 뜬다.

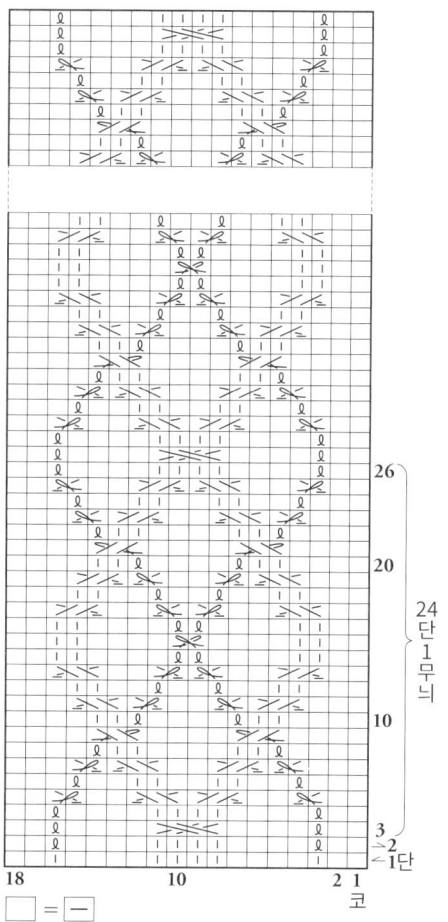

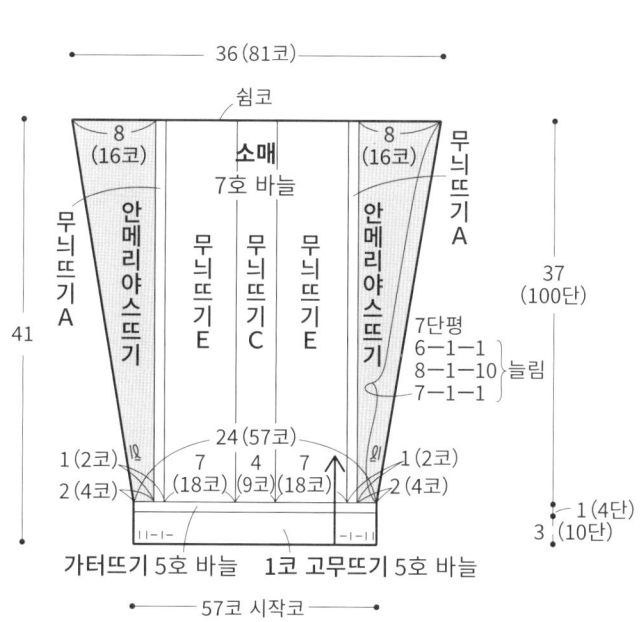

36 (81코)

쉼코

소매
7호 바늘

8
(16코)

8
(16코)

무늬뜨기 A

무늬뜨기 A

안메리야스뜨기

안메리야스뜨기

무늬뜨기 E

무늬뜨기 C

무늬뜨기 E

37
(100단)

41

7단평
6—1—1
8—1—10 } 늘림
7—1—1

24 (57코)

1 (2코)
2 (4코)

7
(18코)

4
(9코)

7
(18코)

1 (2코)
2 (4코)

1 (4단)

3
(10단)

가터뜨기 5호 바늘

1코 고무뜨기 5호 바늘

57코 시작코

26

20

24
단
1
무늬

10

3
2
1단

18   10   2 1
코

☐ = ─

=돌려뜨기와 겉뜨기 2코의 왼쪽 위 교차뜨기

=겉뜨기2코와 돌려뜨기의 오른쪽 위 교차뜨기

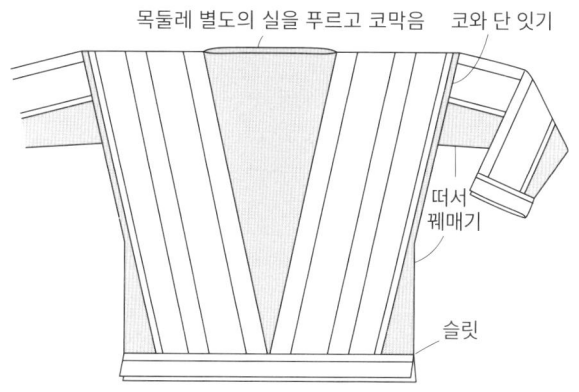

목둘레 별도의 실을 푸르고 코막음

코와 단 잇기

떠서
꿰매기

슬릿

D → p.10, 11　라이더 장갑

실… 하마나카 엑시드 울 FL 《합태사》 (1 볼 40g)
　　　내츄럴 화이트 (201) 115g
바늘… 5/0호 코바늘, 2호 막힘 대바늘 (2개 세트)
게이지… 무늬뜨기 A 27 코 × 25 단 = 가로세로 10cm
　　　　　무늬뜨기 B 25 코 × 25 단 = 가로세로 10cm
　　　　　2 코 고무뜨기 22 단 5.5cm
사이즈… 손바닥 둘레 20cm × 길이 25.5cm

◎ 뜨는 방법

실은 1 가닥으로 뜬다. 오른손을 뜬다.
사슬 66코를 시작코로 만든 뒤 손등 쪽을 무늬뜨기 A, 엄지손가락 밑부분과 손바닥 쪽을 무늬뜨기 B로 24단 왕복하여 뜬다.

엄지손가락 밑부분을 쉼코로 한 뒤 이어서 손등 쪽과 손바닥 쪽을 18단 뜬다. 대바늘로 바꿔 이어서 손가락 끝을 코줍기한 뒤 2코 고무뜨기를 왕복으로 15단 뜬다.

마지막 단에 지정된 것처럼 실을 2번 통과시켜서 조인다.
시작코에서 코줍기를 한 뒤 손목 쪽에도 2코 고무뜨기를 뜨고 뜨기 끝부분은 앞단과 같은 기호로 코막음한다.
엄지손가락을 원통형으로 코줍기한 뒤 무늬뜨기 B로 뜨고 마지막 단에 지정된 것처럼 실을 2번 통과시켜서 조인다.

옆선을 떠서 꿰매기로 연결한다. 왼손은 대칭으로 뜬다.

오른손

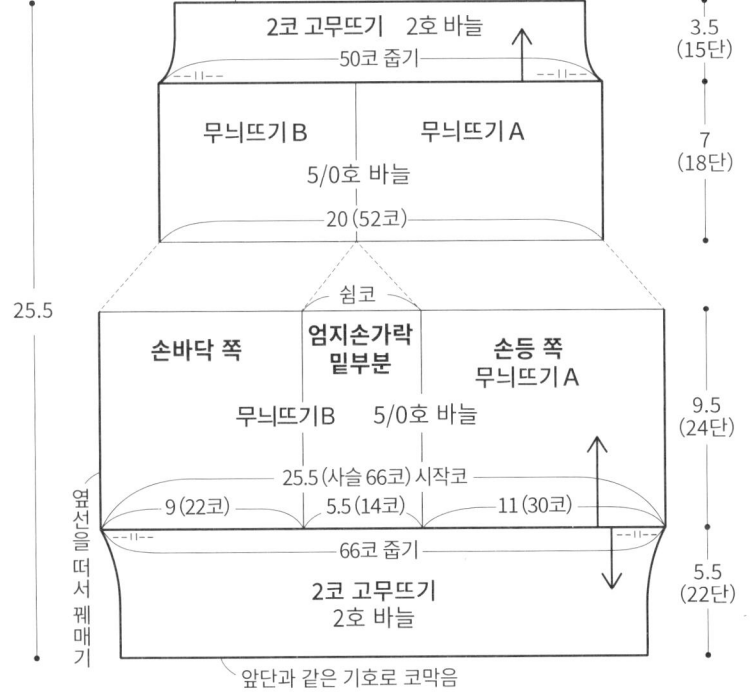

엄지손가락
무늬뜨기 B
5/0호 바늘

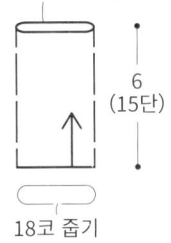

엄지손가락의 코 줍는 법

무늬뜨기
A, B에서 4코　　쉼코에서 14코

엄지손가락 뜨는 법

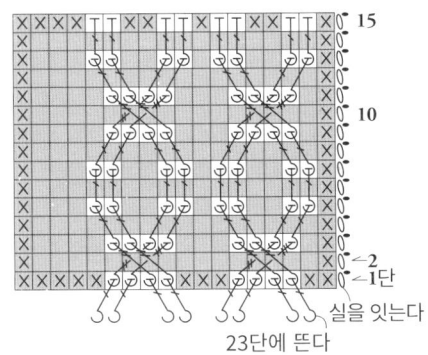

오른손 뜨는 법

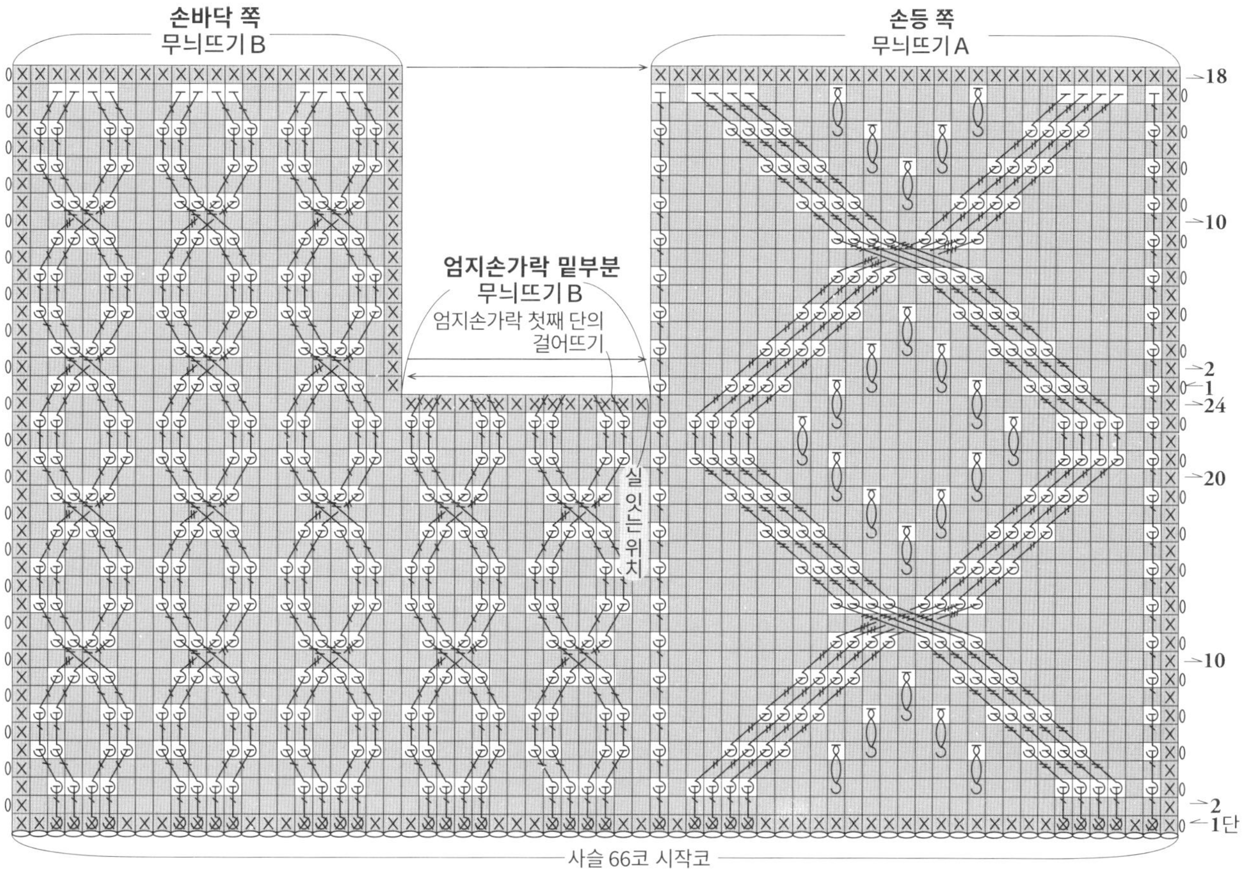

손바닥 쪽
무늬뜨기 B
손등 쪽
무늬뜨기 A
엄지손가락 밑부분
무늬뜨기 B
엄지손가락 첫째 단의
걸어뜨기
실 잇는 위치
18
10
2
1
24
20
10
2
1단
사슬 66코 시작코

 = X

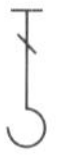

 = 한길긴뜨기 앞걸어뜨기

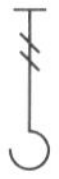

 = 두길긴뜨기 앞걸어뜨기

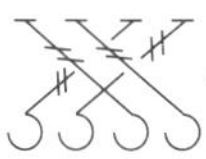

 = 두길긴뜨기 앞걸어뜨기의 교차뜨기

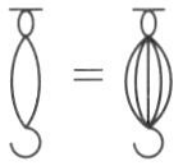

 긴뜨기 5코 변형 구슬뜨기 앞걸어뜨기
뜨는 법은 p.37 사진 참조

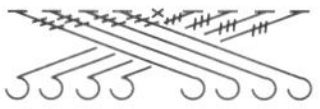

 = 세길긴뜨기 앞걸어뜨기의 교차뜨기
뜨는 법은 p.37 사진 참조

왼손 뜨는 법

손등 쪽
무늬뜨기 A
엄지손가락 밑부분
무늬뜨기 B
손바닥 쪽
무늬뜨기 B
10
2
1단
사슬 66코 시작코

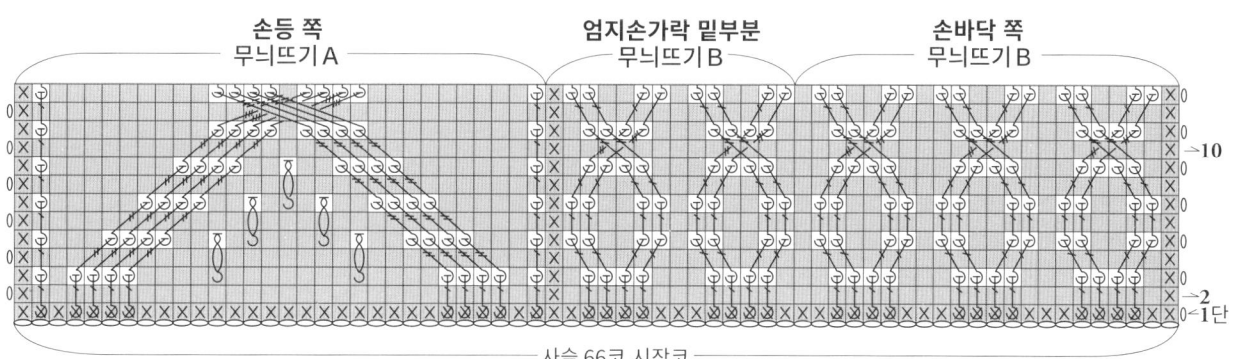

E

→ p.12, 13

싸개 스타일 재킷

실… 하마나카 소노모노 알파카 울
　(1볼 40g) 내츄럴 화이트(41) 775g
바늘… 10호 막힘 대바늘(2개 세트),
　10/0호 코바늘
게이지… 변형 1코 고무뜨기
　22.5코×21단 = 가로세로 10cm
사이즈… 뒤품 60cm×옷길이 43cm
　×소매길이 59cm

◎ **뜨는 방법**

실은 1가닥으로 뜬다.

뒤 몸판은 별도의 실을 사용하여 코를 만드는 방법, 앞 몸판은 손가락에 실을 걸어 코를 만드는 방법으로 시작코를 만들어 변형 1코 고무뜨기로 뜨는데 뒤 몸판은 증감 없이 뜨고 앞 몸판은 되돌아뜨기와 다트를 넣어 뜬다.

앞뒤 몸판 모두 뜨기 끝부분은 쉼코로 마무리한다. 소매도 별도의 실을 사용하여 코를 만드는 방법으로 시작코를 만든 뒤 변형 1코 고무뜨기와 가터뜨기로 증감 없이 뜨고 쉼코로 마무리한다.

어깨와 칼라의 뒤 중앙을 각각 떠서 꿰매기로 연결한 뒤 칼라를 뒷목둘레에 지정된 것처럼 코와 단 잇기로 단다.

뒤 몸판의 시작코를 풀어 코줍기를 한 뒤 옆선을 덮어씌워 빼뜨기로 잇기로 연결한다. 소매도 같은 방법으로 시작코를 풀어 소맷단을 덮어씌워 빼뜨기로 잇기를 한 뒤 몸판에 코와 단 잇기로 단다.

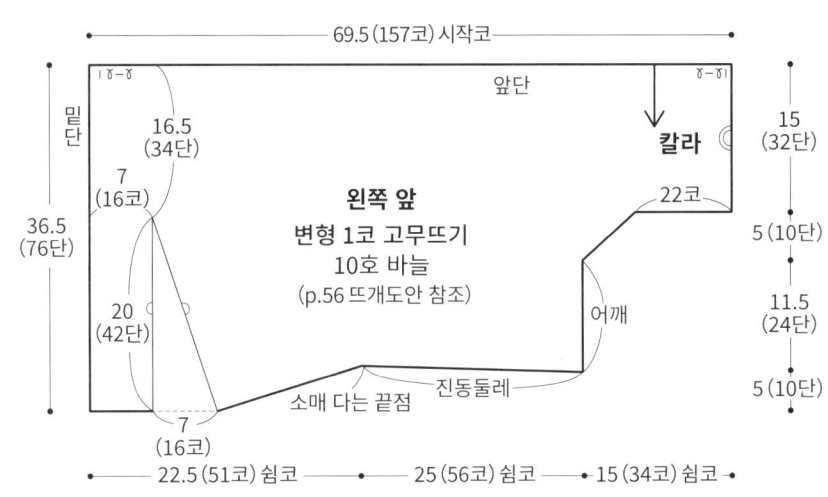

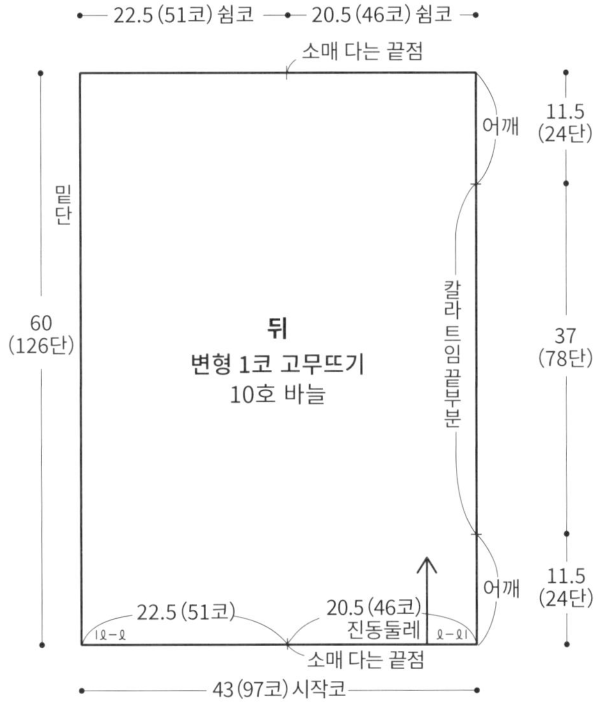

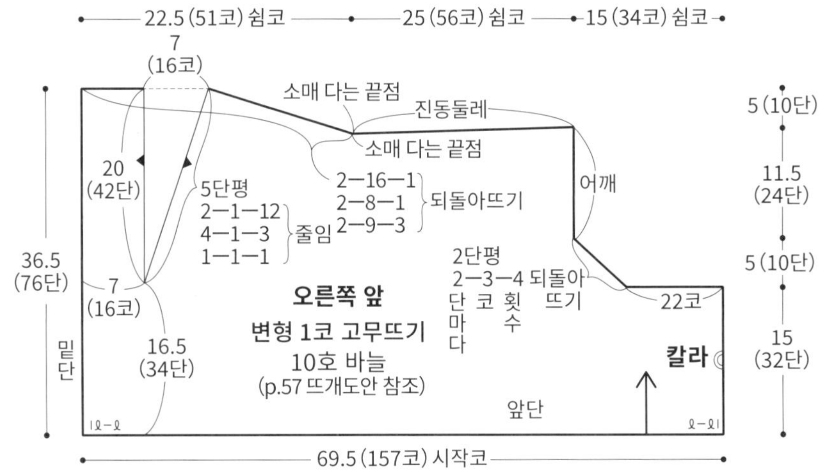

왼쪽 앞 변형 1코 고무뜨기 10호 바늘 (p.56 뜨개도안 참조)

뒤 변형 1코 고무뜨기 10호 바늘

오른쪽 앞 변형 1코 고무뜨기 10호 바늘 (p.57 뜨개도안 참조)

변형 1코 고무뜨기 기호도

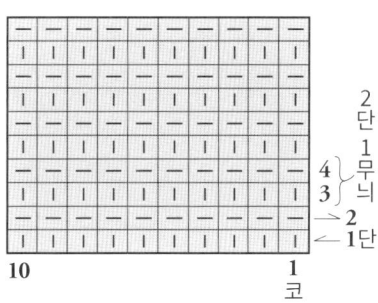

2단
1무늬
4
3
2
1단

3 2 1코
2코 1무늬

□ = ―

가터뜨기 기호도

2단
1무늬
4
3
2
1단

10 1코

6 (10코) 쉼코

23 (52코) 쉼코

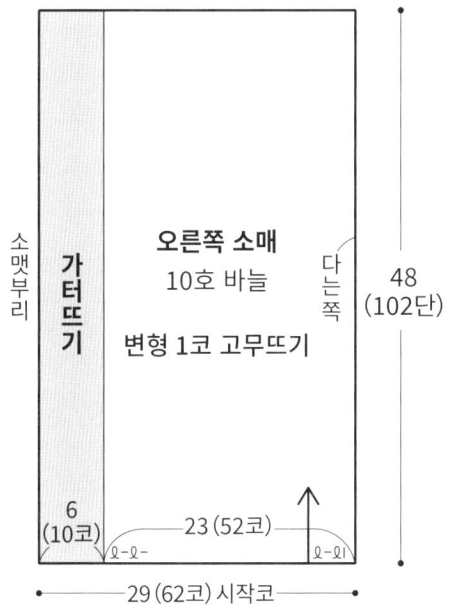

소맷부리

가터뜨기

오른쪽 소매
10호 바늘

변형 1코 고무뜨기

다는 쪽

48
(102단)

6
(10코)

23 (52코)

29 (62코) 시작코

※ 왼쪽 소매는 대칭으로 뜬다

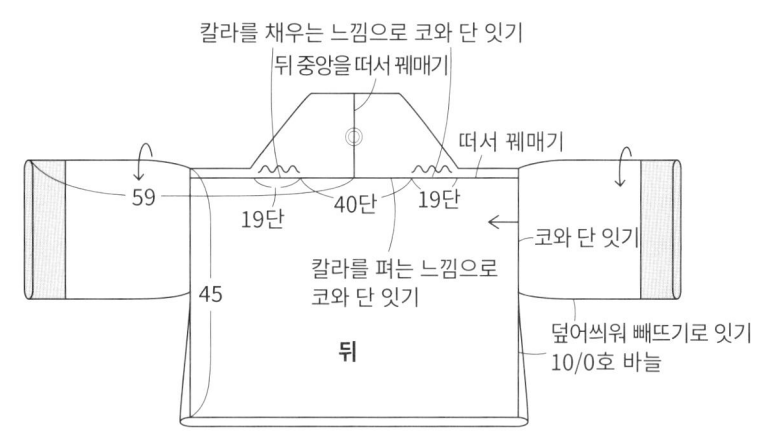

칼라를 채우는 느낌으로 코와 단 잇기
뒤 중앙을 떠서 꿰매기
떠서 꿰매기

59
19단
40단
19단

코와 단 잇기

45
칼라를 펴는 느낌으로
코와 단 잇기

뒤

덮어씌워 빼뜨기로 잇기
10/0호 바늘

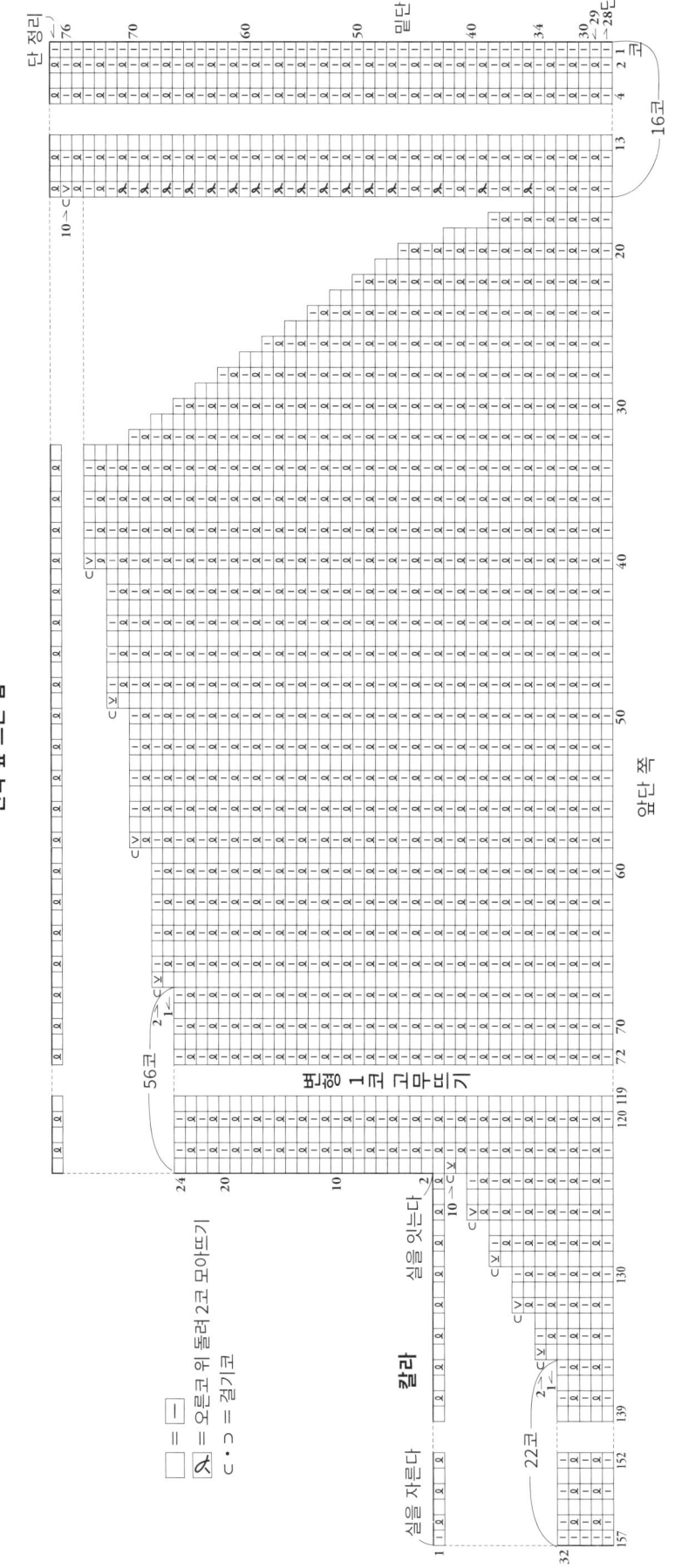

왼쪽 앞 뜨는 법

56

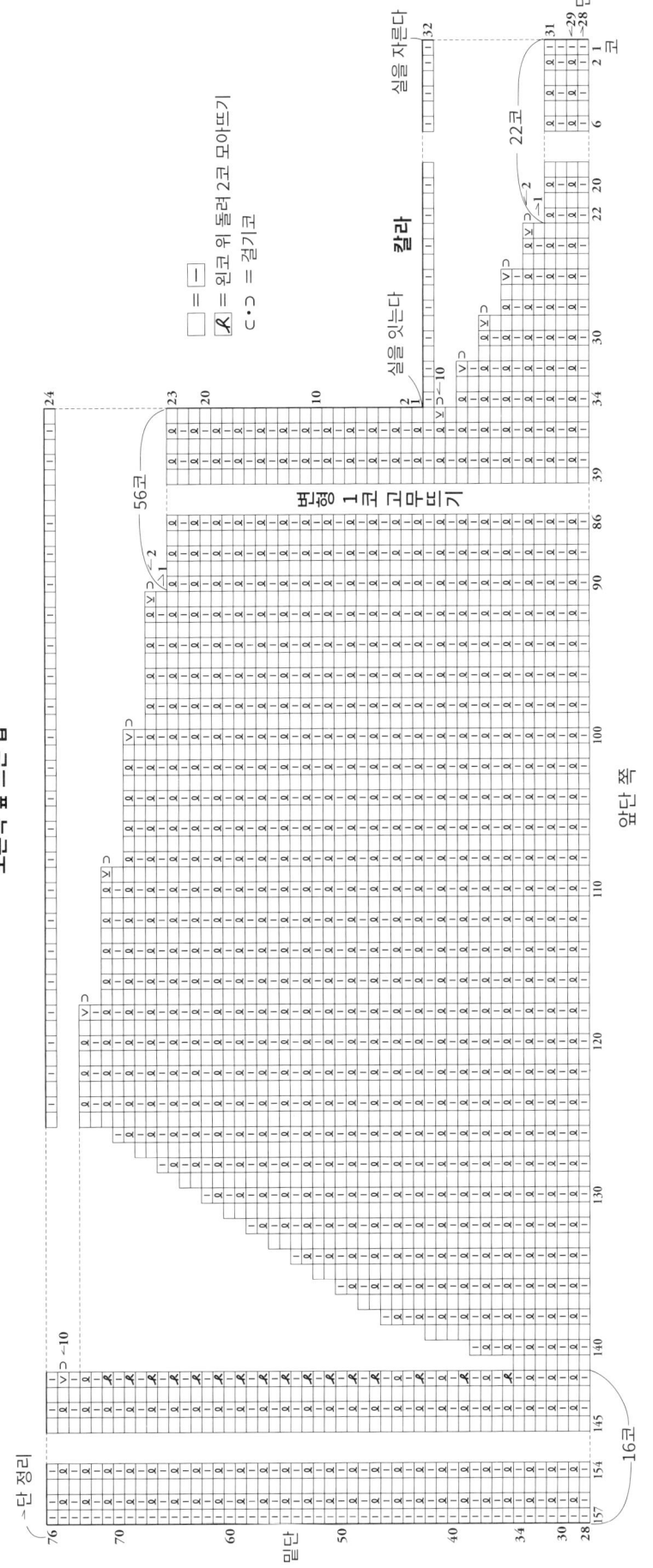

오른쪽 앞 뜨는 법

☐ = 一
🝢 = 왼코 위 돌려 2코 모아뜨기
⊂ᗡ = 걸기코

실을 잇는다
실을 자른다

칼라

56코
22코
16코

앞단 쪽

단 정리

F → p.14, 15　벌룬 스웨터

실… 리치모어 캐시미어 야크(1볼 50g)
　　아이보리(1) 480g

바늘… 8호 60cm・40cm 줄바늘,
　　12호 60cm・40cm 줄바늘,
　　8호・12호 대바늘(4개세트)

게이지… 메리야스뜨기 16코×22단 = 가로세로 10cm

사이즈… 품 64cm×밑단 너비 50cm×옷길이 76cm
　　×소매길이 65.5cm

◎ **뜨는 방법**
실은 1가닥으로 뜬다.
몸판〈아래〉는 손가락에 실을 걸어 코를 만드는 방법으로
시작코를 만들어 원통형으로 만든 뒤 2코 고무뜨기, 메리야
스뜨기로 지정된 위치에서 코늘림을 하면서 뜬다.

이어서 앞뒤 몸판을 각각 코줍기한 뒤 메리야스뜨기로 왕복
해서 뜬다. 요크와 칼라는 앞뒤 몸판에서 코줍기하여 원통형
으로 만든 뒤 메리야스뜨기로 뜨고 뜨기 끝부분은 코막음한
다. 소매는 진동둘레에서 코줍기하여 원통형으로 만든 뒤 메
리야스뜨기로 뜨고 뜨기 끝부분은 코막음한다.

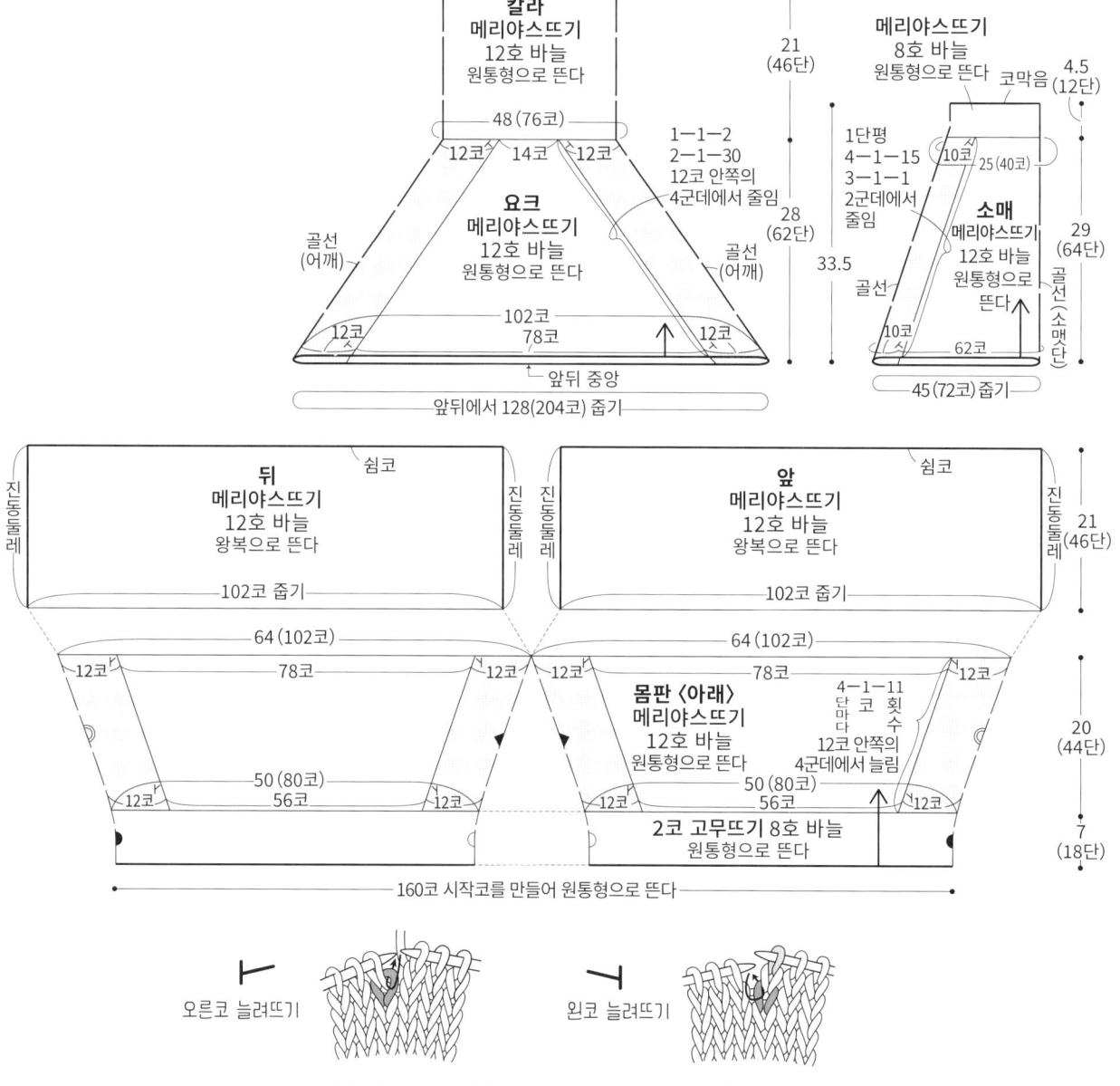

오른쪽 바늘로 1단 아래의
코를 주워서 겉뜨기를 뜬다

왼쪽 바늘로 2단 아래의
코를 주워서 겉뜨기를 뜬다

K →p.23 캐시미어 스웨터

실… 리치모어 캐시미어(1 볼 20g)
　　　내츄럴 화이트(101) 315g
바늘… 5호・4호 막힘 대바늘(2개 세트),
　　　4호 대바늘(4개세트)
게이지… 무늬뜨기 24코×40단 = 가로세로 10cm
사이즈… 가슴둘레 98cm×옷길이 58cm×소매길이 73.5cm

◎ **뜨는 방법**

실은 1 가닥으로 뜬다. 앞뒤 몸판은 손가락에 실을 걸어 코를 만드는 방법으로 시작코를 만든 뒤 2코 고무뜨기, 가터뜨기를 뜬다. 이어서 무늬뜨기로 래글런선에서 코를 줄이면서 뜬다. 소매도 같은 방법으로 시작코를 만든 뒤 2코 고무뜨기, 가터뜨기, 무늬뜨기로 코를 증감하면서 뜨고 뜨기 끝부분은 코막음한다. 래글런선을 떠서 꿰매기로 연결한 뒤 목둘레에서 코줍기하여 가터뜨기, 2코 고무뜨기로 원통형으로 뜨고 뜨기 끝부분은 앞단과 같은 기호로 코막음한다. 옆선과 소맷단을 떠서 꿰매기로 연결하고 코막음 부분은 메리야스 잇기로 연결한다.

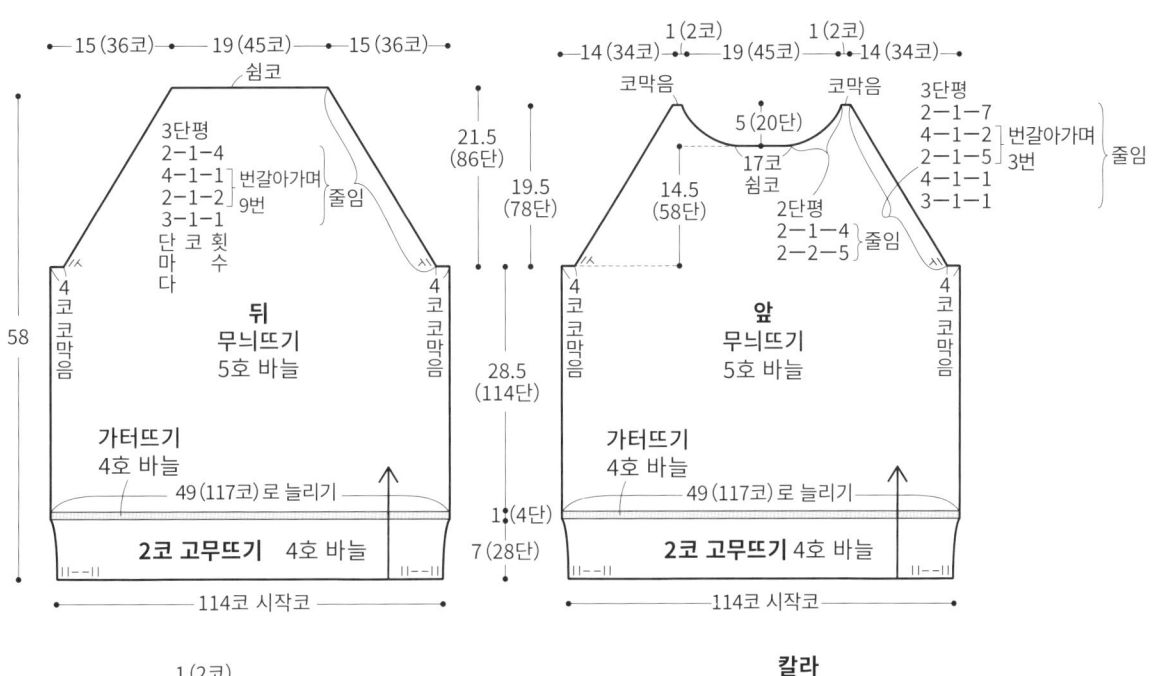

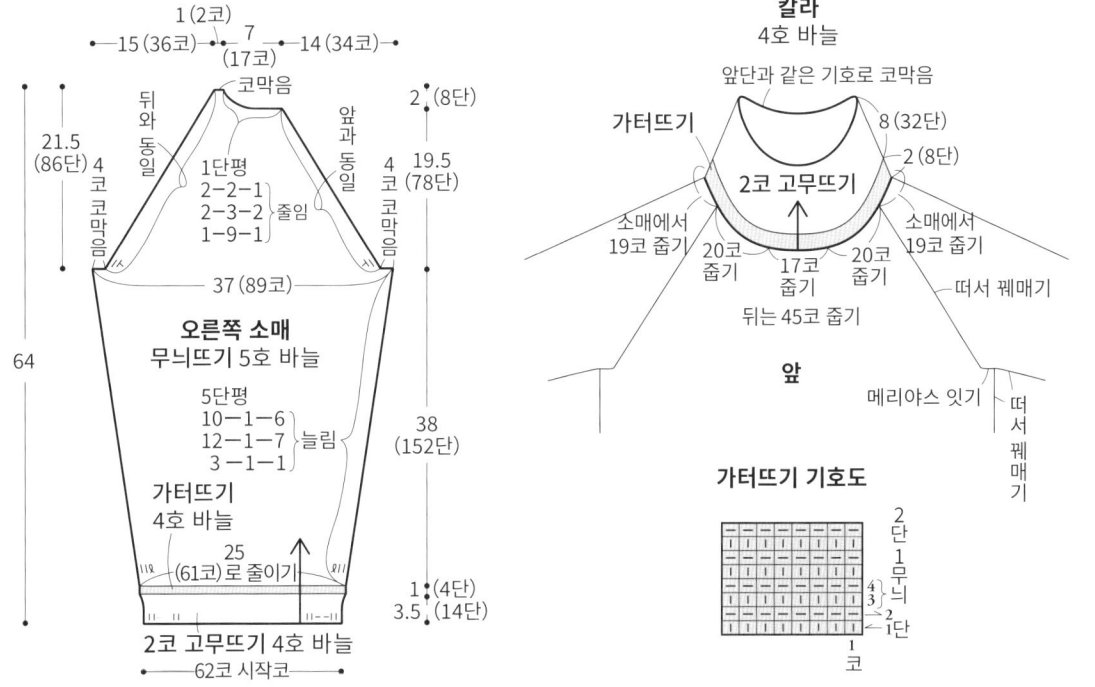

※ 왼쪽 소매는 대칭으로 뜬다

무늬뜨기 기호도

※ 스웨터, 탱크톱 공통

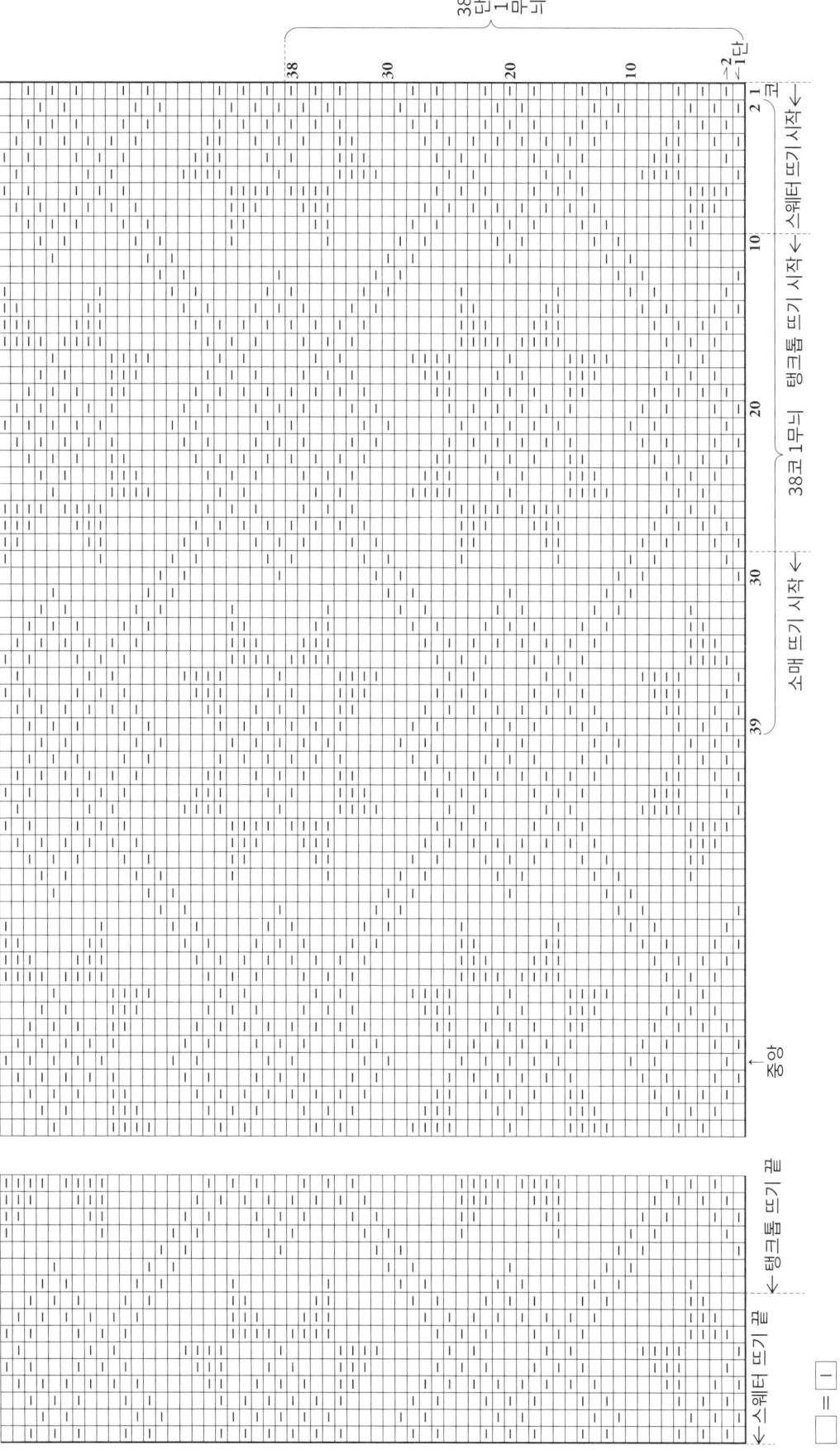

= 1

60

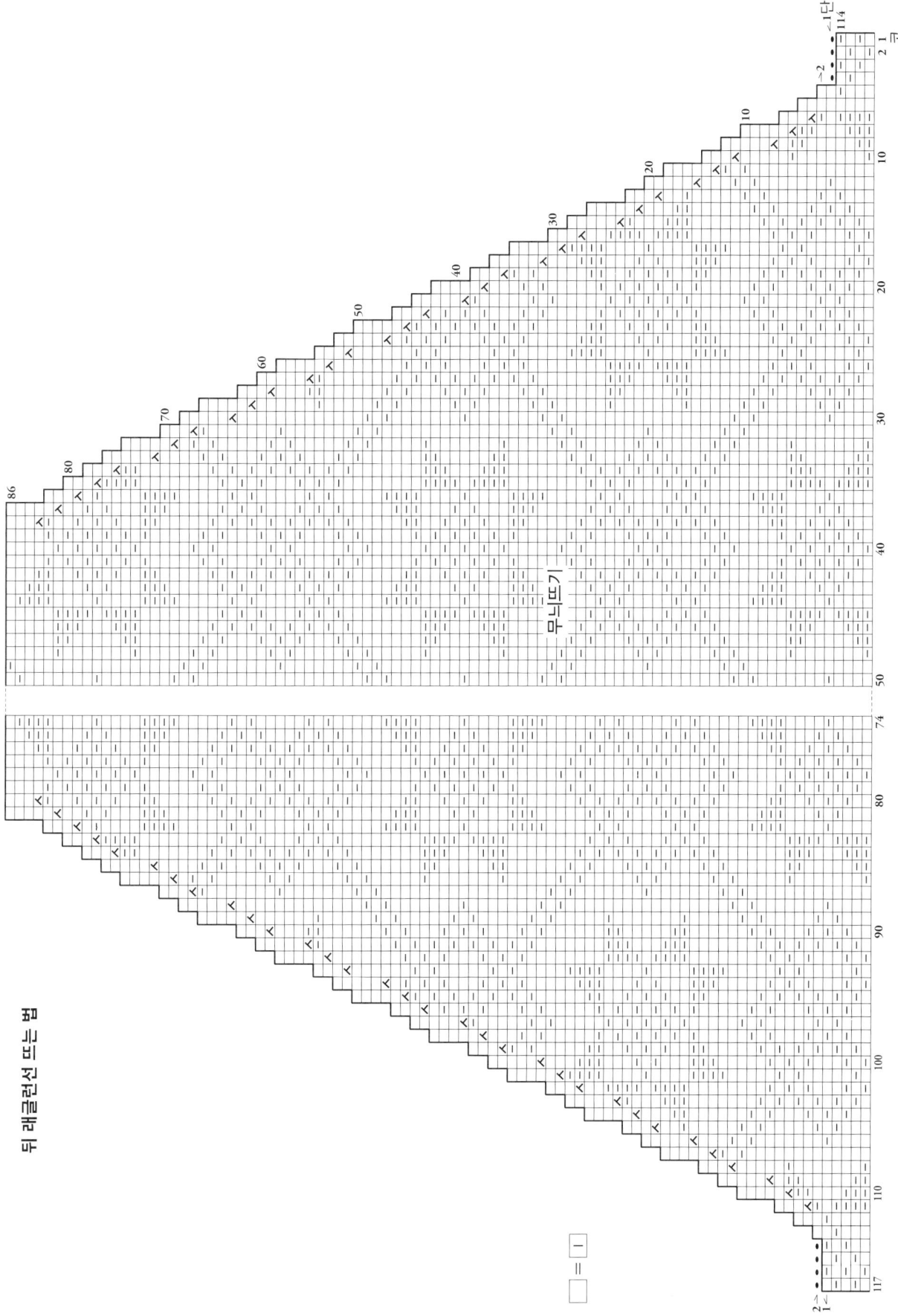

뒤 래글런선 뜨는 법

무늬[뜨기]

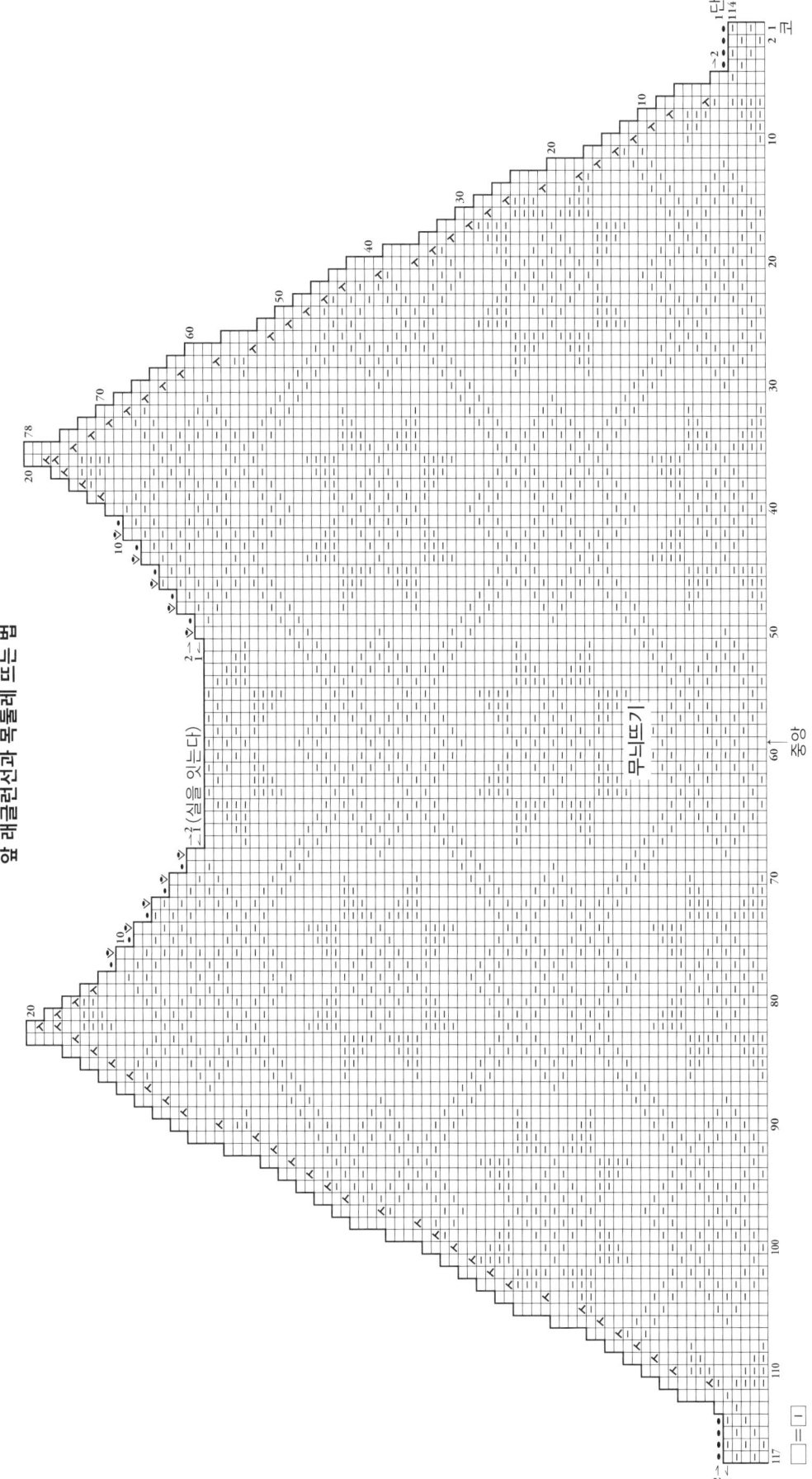

앞 래글런선과 목둘레 뜨는 법

무늬뜨기

중심

2→
1←

↑1 (실을 잇는다)

□ = I

오른쪽 소매의 래글런선과 목둘레 뜨는 법

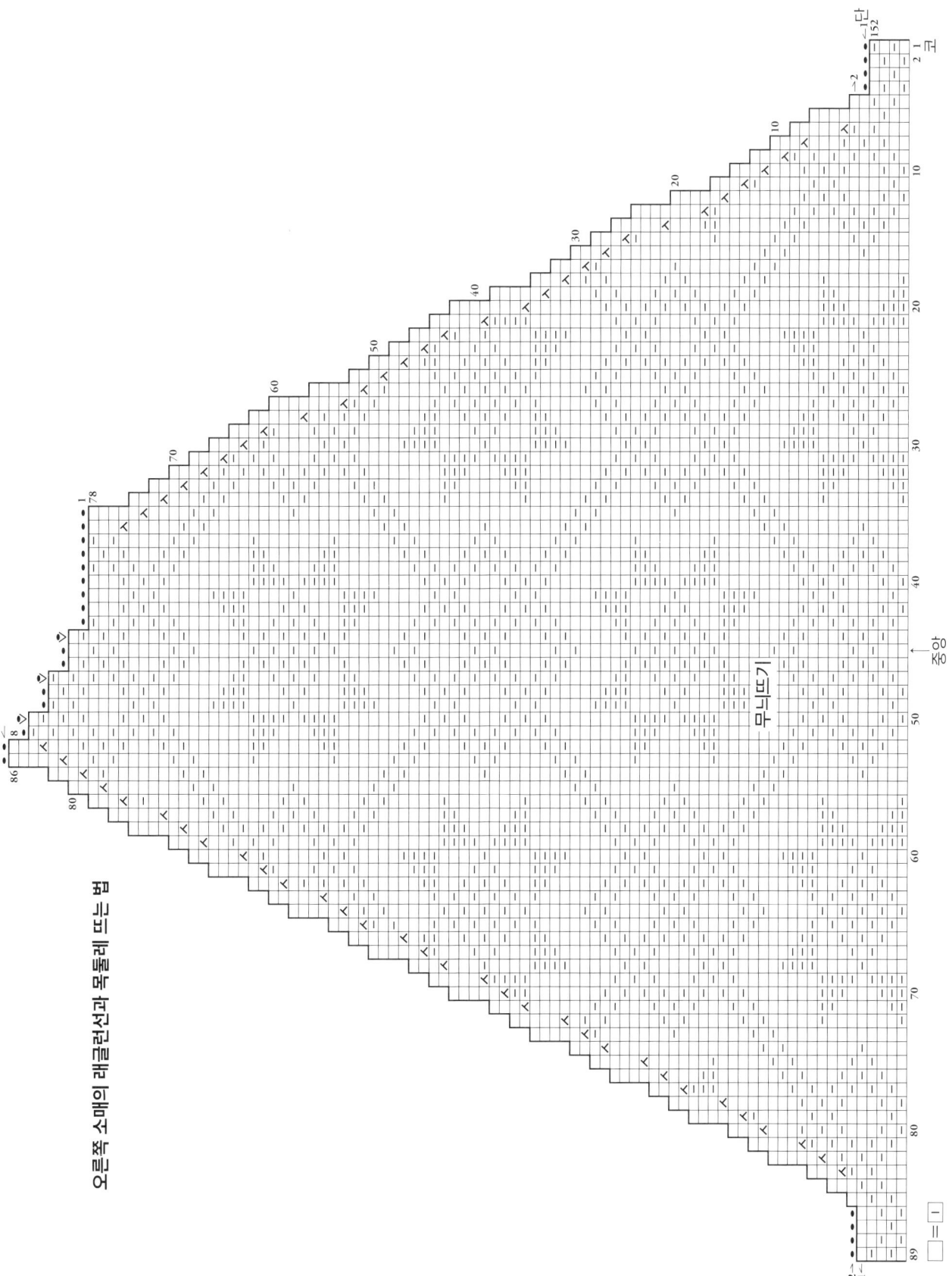

무늬뜨기

□ = □
— = │

J → p.22 캐시미어 탱크톱

실··· 리치모어 캐시미어 (1볼 20g)
　　　내츄럴 화이트 (101) 140g
바늘··· 5호·4호 막힘 대바늘 (2개 세트), 4/0호 코바늘
게이지··· 무늬뜨기 24코×40단 = 가로세로 10cm
사이즈··· 가슴둘레 82cm×옷길이 56cm

◎ **뜨는 방법**
실은 1가닥으로 뜬다.

　몸판 2장은 손가락에 실을 걸어 코를 만드는 방법으로 98코 시작코로 만든 뒤 2코 고무뜨기, 가터뜨기를 뜬다.
　이어서 코늘림을 한 뒤 무늬뜨기, 가터뜨기로 뜬다. 목둘레에서 코줍기를 한 뒤 가터뜨기를 8단 증감 없이 뜬다.
　이어서 어깨끈을 뜨고, 뜨기 끝부분은 쉼코로 마무리한다.
　어깨끈을 덮어씌워 빼뜨기로 잇기를 하고 옆선을 떠서 꿰매기로 연결한다.

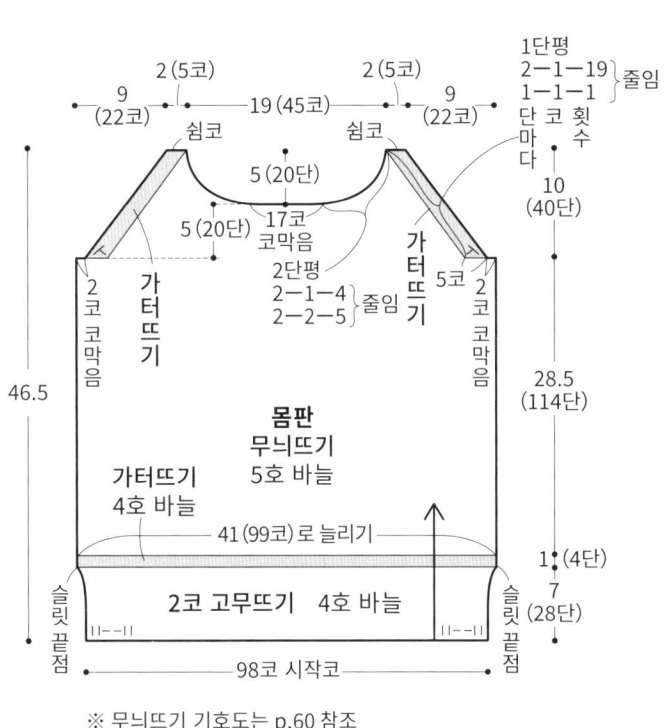

※ 무늬뜨기 기호도는 p.60 참조

목둘레, 어깨끈
가터뜨기 4호 바늘

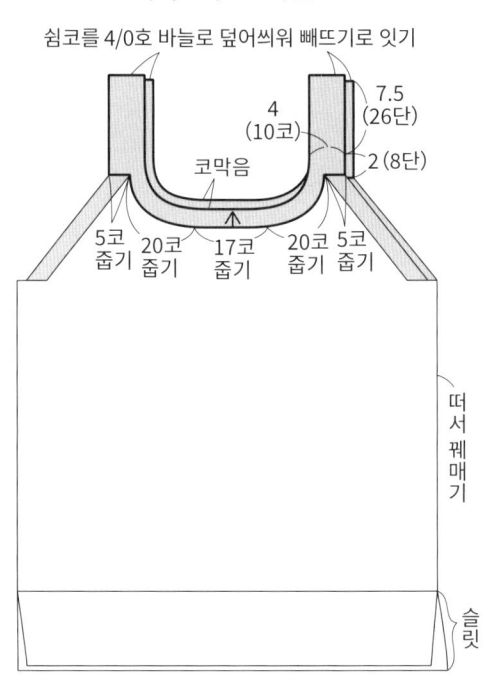

목둘레와 어깨끈 뜨는 법

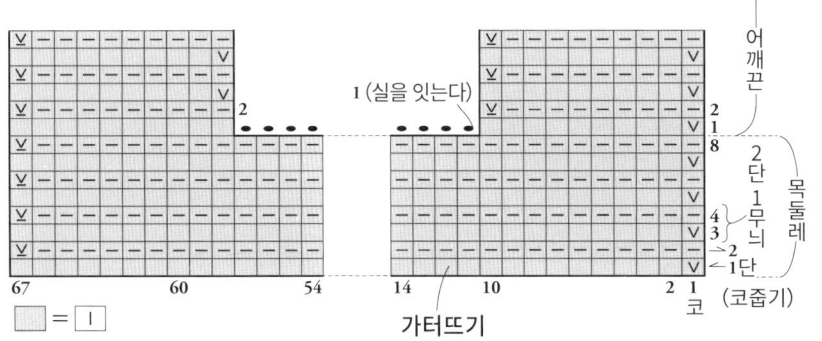

가터뜨기

밑단의 가터뜨기 기호도

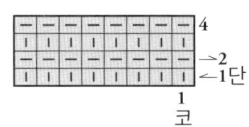

전통둘레와 목둘레 뜨는 법

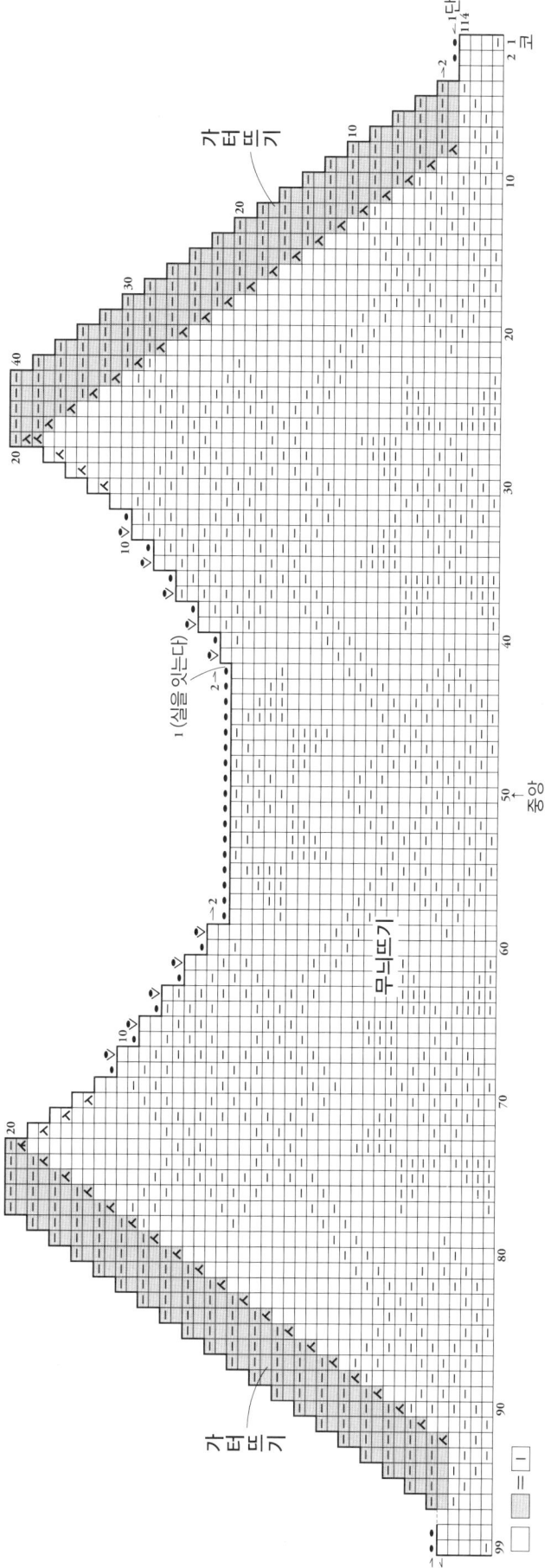

■ = I

■ = (회색)

□ = (흰색)

65

G → p.16, 17 생명의 숲
라운드 요크 아란무늬 스웨터

실… 하마나카 소노모노 알파카 울(1 볼 40g)
　　　내츄럴 화이트(41) 610g
바늘… 8호 막힘 대바늘(2개 세트),
　　　10호 60cm・40cm 줄바늘, 꽈배기바늘
게이지… 안메리야스뜨기・무늬뜨기B
　　　17코×21단 = 가로세로 10cm
사이즈… 가슴둘레 100cm×옷길이 66.5cm×소매길이 84.5cm

◎ **뜨는 방법**

　실은 1가닥으로 뜬다. 앞뒤 몸판은 손가락에 실을 걸어 코를 만드는 방법으로 시작코를 만든 뒤 8호 바늘로 가터뜨기를 뜬다. 10호 바늘로 바꿔 도안처럼 안메리야스뜨기를 뜨고 뜨기 끝부분은 쉼코로 마무리한다. 소매도 같은 방법으로 시작코를 만들어 가터뜨기를 뜬 뒤 이어서 안메리야스뜨기, 무늬뜨기A로 뜨고 뜨기 끝부분은 쉼코로 마무리한다. 몸판과 소매의 맞춤표시끼리 떠서 꿰매기하고 7코씩 안메리야스 잇기를 한다. 옆선과 소맷단을 이어서 떠서 꿰매기로 연결한다.

　요크와 칼라는 왼쪽 소매의 지정된 위치에서 코를 줍기 시작하여 앞 몸판, 오른쪽 소매, 뒤 몸판, 왼쪽 소매 순으로 코를 주워 원통형으로 뜨는데, 무늬뜨기B, 무늬뜨기A로 전체에서 코를 줄이면서 뜬다. 뜨기 끝부분은 1코 고무뜨기 코막음으로 마무리한다.

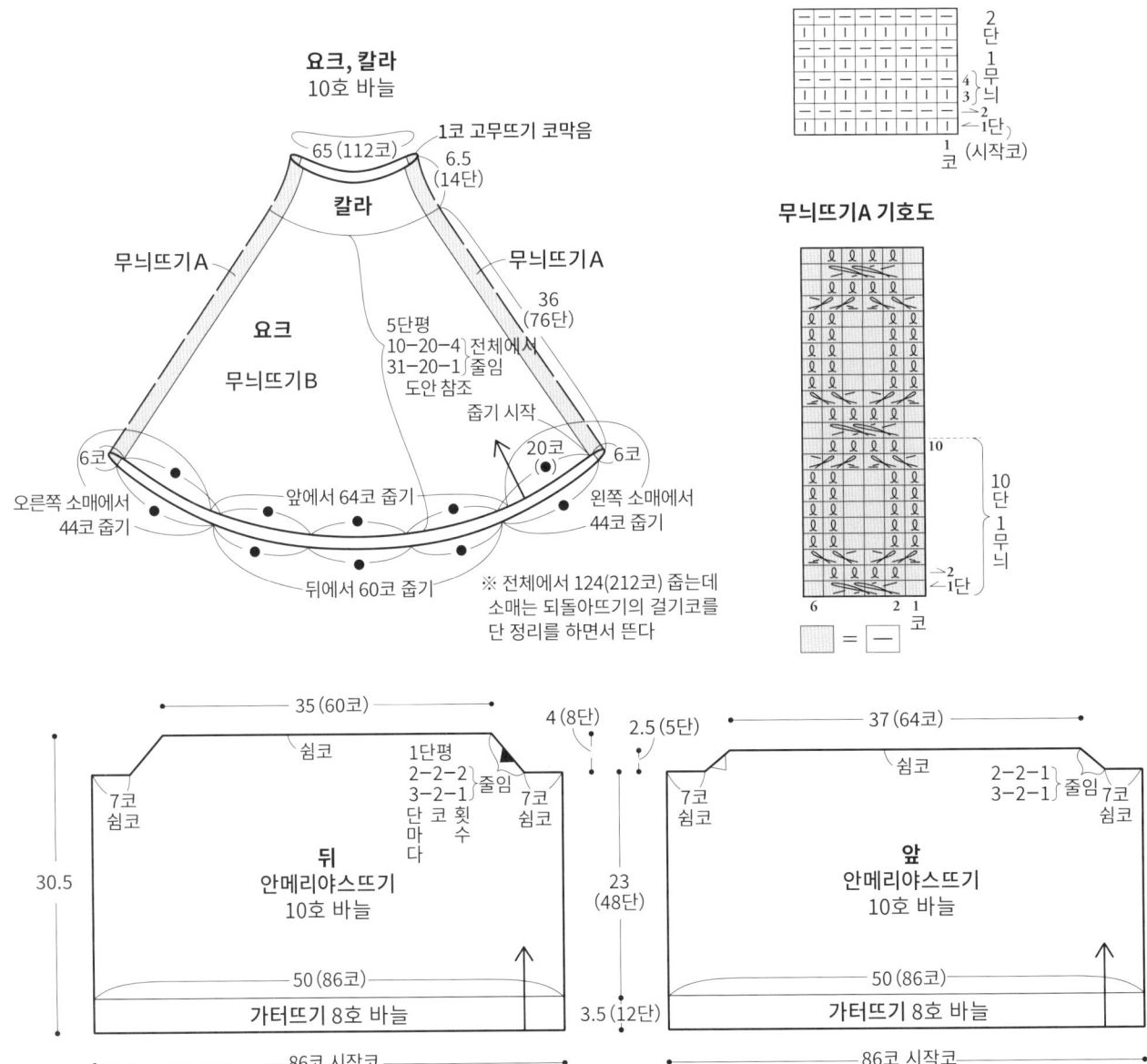

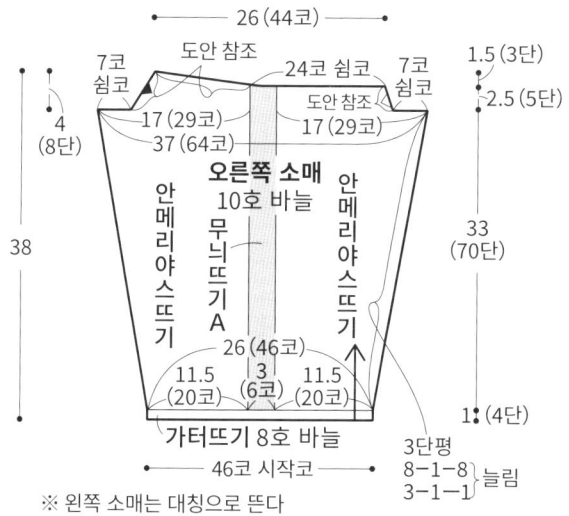

26 (44코)

7코 쉼코   도안 참조   24코 쉼코   7코 쉼코

1.5 (3단)
2.5 (5단)

17 (29코)   도안 참조   17 (29코)
37 (64코)

4 (8단)

오른쪽 소매
10호 바늘
무늬뜨기 A

안메리야스뜨기   안메리야스뜨기

38

33 (70단)

26 (46코)
11.5 (20코)   3 (6코)   11.5 (20코)

1 (4단)

가터뜨기 8호 바늘

46코 시작코

3단평
8-1-8 늘림
3-1-1

※ 왼쪽 소매는 대칭으로 뜬다

오른쪽 소매 뜨는 법

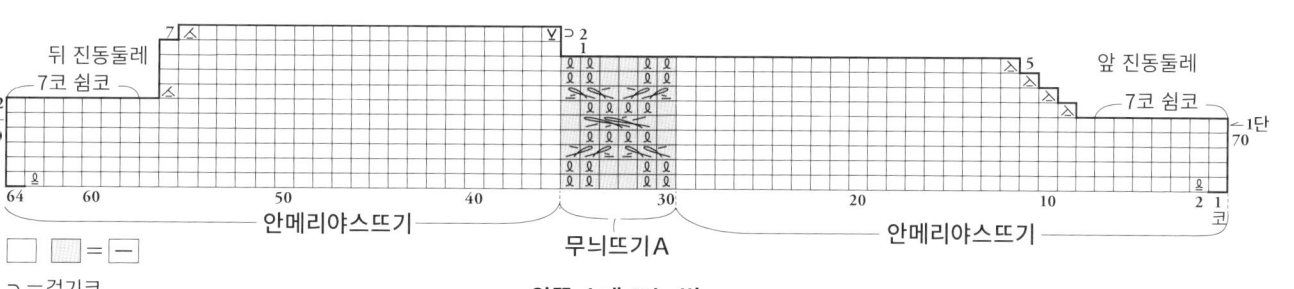

뒤 진동둘레
7코 쉼코

앞 진동둘레
7코 쉼코

1단
70

64   60   50   40   30   20   10   2 1

안메리야스뜨기   무늬뜨기A   안메리야스뜨기

☐ ▨ = —
ㄷ =걸기코

왼쪽 소매 뜨는 법

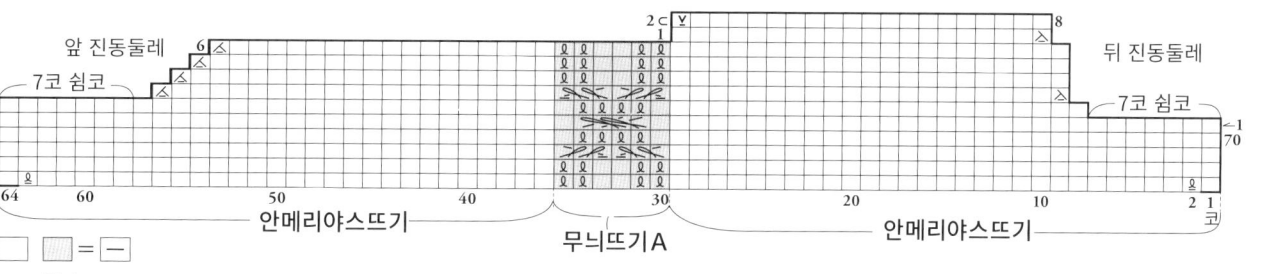

앞 진동둘레
7코 쉼코

뒤 진동둘레
7코 쉼코

1
70

64   60   50   40   30   20   10   2 1
코

안메리야스뜨기   무늬뜨기A   안메리야스뜨기

☐ ▨ = —
ㄷ =걸기코

요크 줍는 법

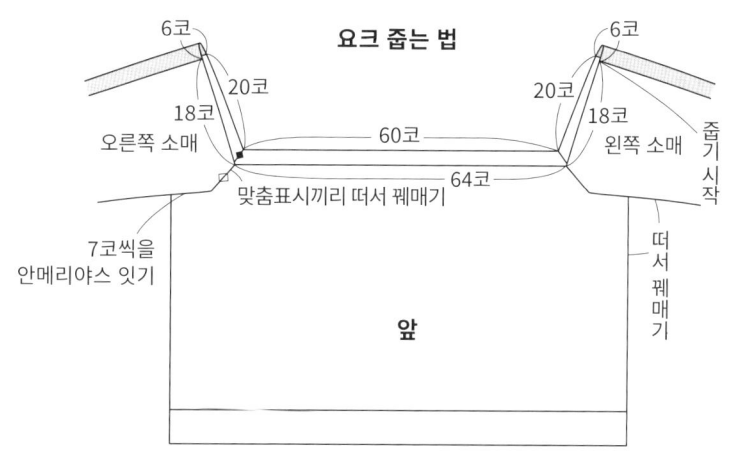

6코   6코

20코   20코

18코   60코   18코   줍기 시작

오른쪽 소매   64코   왼쪽 소매

맞춤표시끼리 떠서 꿰매기

7코씩을
안메리야스 잇기

떠서 꿰매기

앞

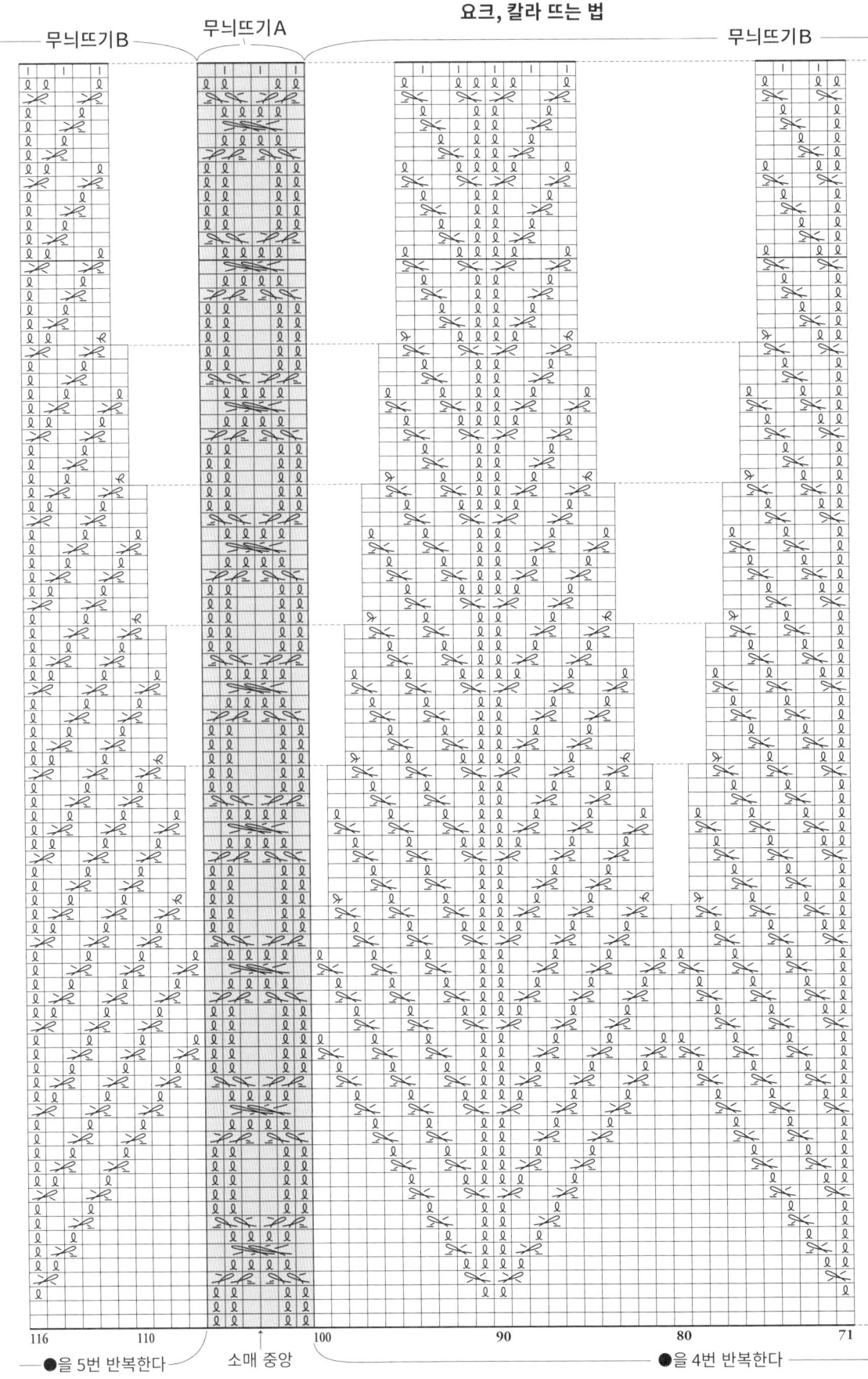

무늬뜨기B　무늬뜨기A　무늬뜨기B

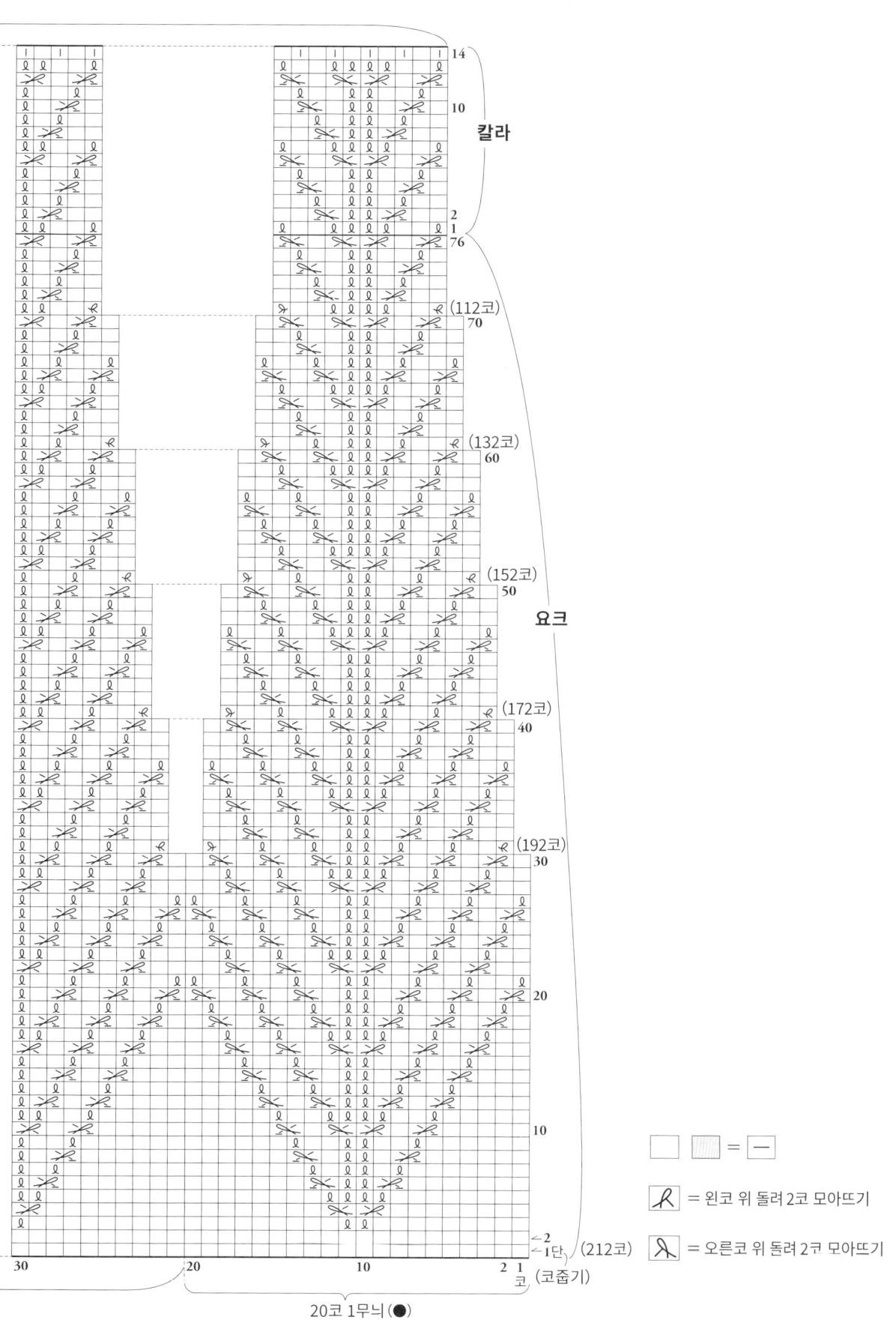

칼라

요크

14

10

2
1
76

(112코)
70

(132코)
60

(152코)
50

(172코)
40

(192코)
30

20

10

←2
←1단 (212코)

(코줍기)

30   20   10   2 1
코

20코 1무늬(●)

= —

ℛ = 왼코 위 돌려 2코 모아뜨기

𝒜 = 오른코 위 돌려 2코 모아뜨기

69

H → p.18, 19

눈꽃 요정 룸슈즈

실…하마나카 소노모노 후왓토(1볼 80g)
내츄럴 화이트(131) 210g
바늘… 8mm 짧은 대바늘(4개 세트)
게이지… 무늬뜨기 15코×17단=가로세로 10cm
사이즈… 발 사이즈 24~25cm

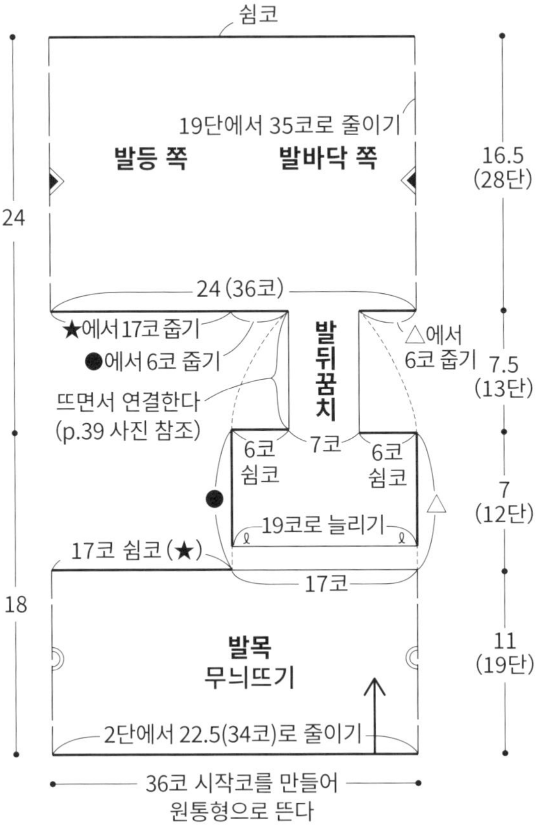

쉼코
19단에서 35코로 줄이기
발등 쪽
발바닥 쪽
24
16.5
(28단)
24(36코)
★에서 17코 줍기
●에서 6코 줍기
뜨면서 연결한다
(p.39 사진 참조)
발뒤꿈치
△에서
6코 줍기
7.5
(13단)
6코
쉼코
7코
6코
쉼코
19코로 늘리기
7
(12단)
17코 쉼코(★)
17코
18
발목
무늬뜨기
11
(19단)
2단에서 22.5(34코)로 줄이기
36코 시작코를 만들어
원통형으로 뜬다

◎ 뜨는 방법

실은 1가닥으로 뜬다.

발목은 손가락에 실을 걸어 코를 만드는 방법으로 36코 시작코로 만들어 원통형으로 한 뒤 무늬뜨기(p.38 참조)로 19단 뜬다.

17코를 쉬어두고 발뒤꿈치를 왕복으로 뜬다. 이어서 발바닥 쪽, 발등 쪽을 원통형으로 코줍기하여 증감 없이 뜬 뒤 뜨기 끝부분은 실을 2번 통과시켜 조인다.

같은 방법으로 한 장 더 뜬다.

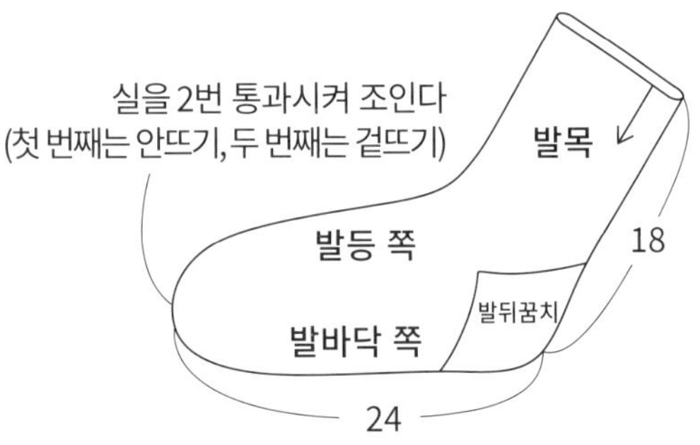

실을 2번 통과시켜 조인다
(첫 번째는 안뜨기, 두 번째는 겉뜨기)
발목
18
발등 쪽
발바닥 쪽
발뒤꿈치
24

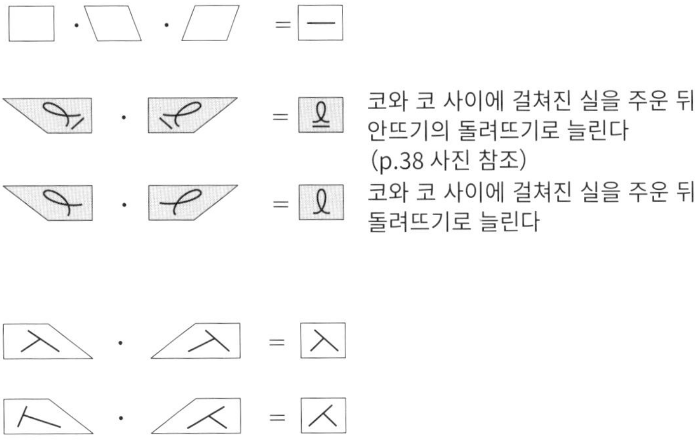

코와 코 사이에 걸쳐진 실을 주운 뒤
안뜨기의 돌려뜨기로 늘린다
(p.38 사진 참조)
코와 코 사이에 걸쳐진 실을 주운 뒤
돌려뜨기로 늘린다

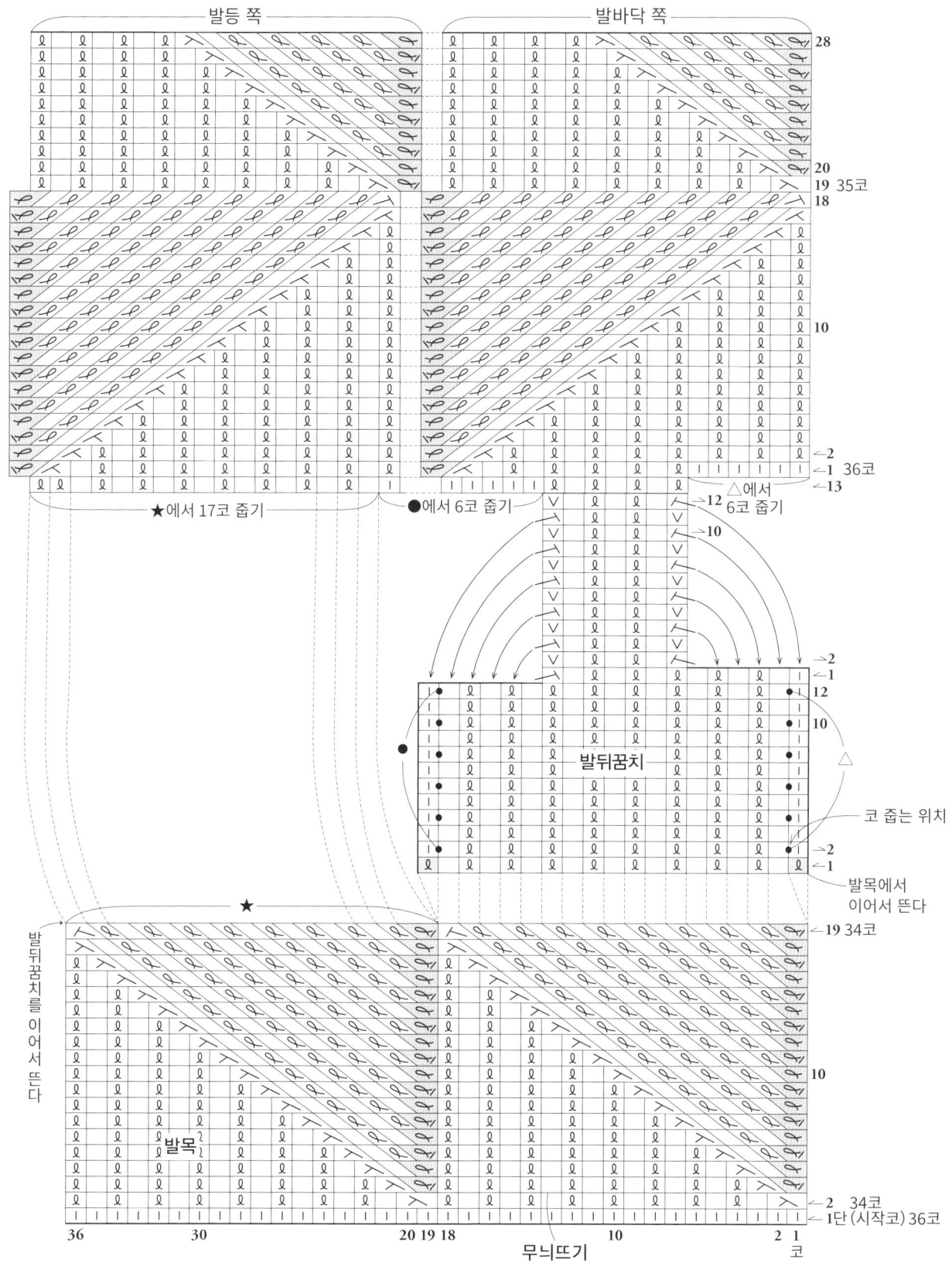

발등 쪽

발바닥 쪽

28

20

19 35코

18

10

★에서 17코 줄기

●에서 6코 줄기

△에서
6코 줄기

2

1 36코

13

12

10

2

1

발뒤꿈치

코 줄는 위치

발목에서
이어서 뜬다

발뒤꿈치를 이어서 뜬다

★

19 34코

10

발목

무늬뜨기

2

1단 (시작코) 36코

36

30

20 19 18

10

2

1

코

→ p.20, 21 **화가의 스모킹 스웨터**

◎ **뜨는 방법**

 실은 1가닥으로, 몸판과 소매는 줄바늘을 사용하여 왕복으로 뜬다.

 몸판 2장은 손가락에 실을 걸어 코를 만드는 방법으로 시작코를 만든 뒤 가터뜨기, 메리야스뜨기, 무늬뜨기로 증감 없이 뜨고 뜨기 끝부분은 쉼코로 마무리한다. 소매도 같은 방법으로 시작코를 만들어 가터뜨기, 메리야스뜨기로 뜬다. 어깨를 덮어씌워 빼뜨기로 잇기를 한다. 목둘레는 몸판에서 무늬가 이어지도록 무늬뜨기를 원통형으로 뜬 뒤 뜨기 끝부분은 안뜨기의 코막음으로 마무리한다. 소매를 코와 단 잇기로 단 뒤 옆선, 소맷단을 떠서 꿰매기로 연결한다.

실… 하마나카 아메리 (1볼 40g)
　　 내츄럴 화이트 (20) 510g
바늘… 7호 60cm · 40cm 줄바늘, 6/0호 코바늘
게이지… 메리야스뜨기 20코×28단 = 가로세로 10cm
　　　 무늬뜨기 44코×28단 = 가로세로 10cm
사이즈… 밑단둘레 132cm×옷길이 62cm×소매길이 56.5cm

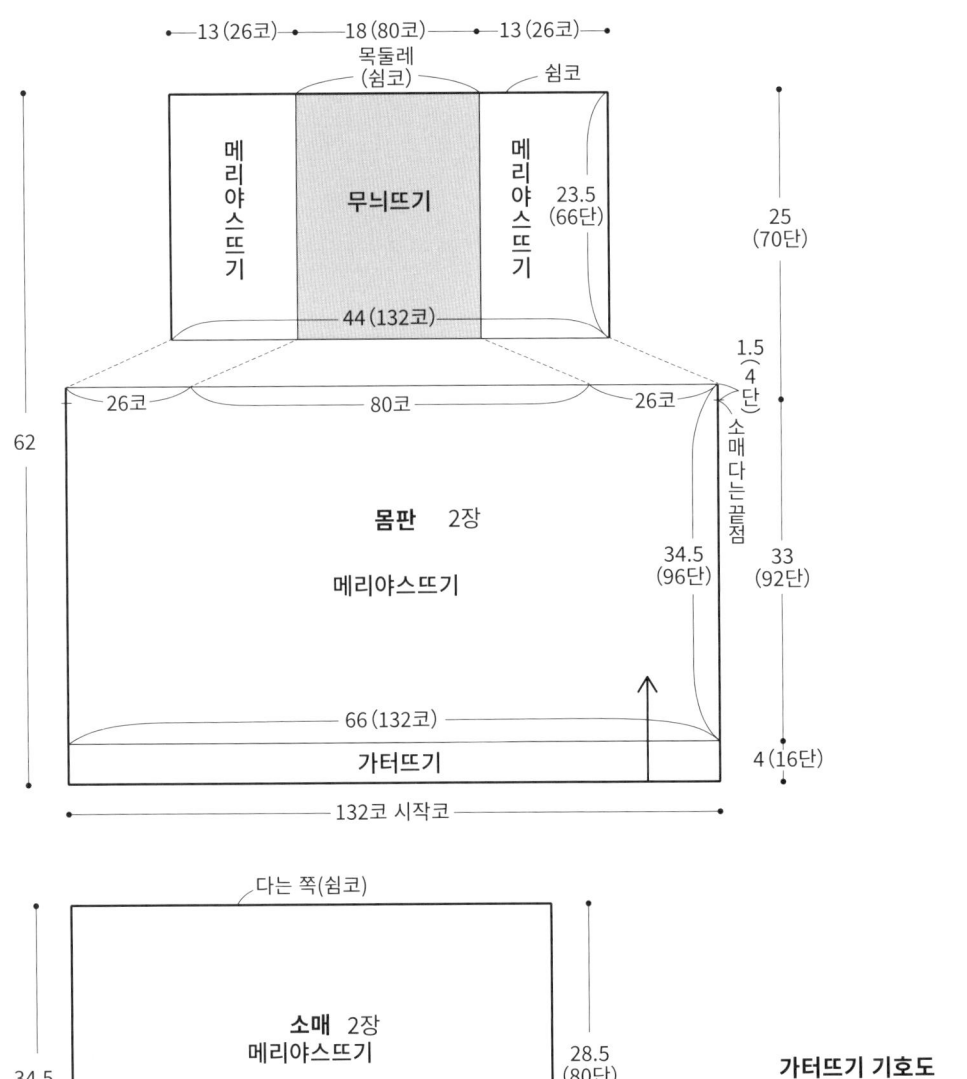

무늬뜨기 기호도

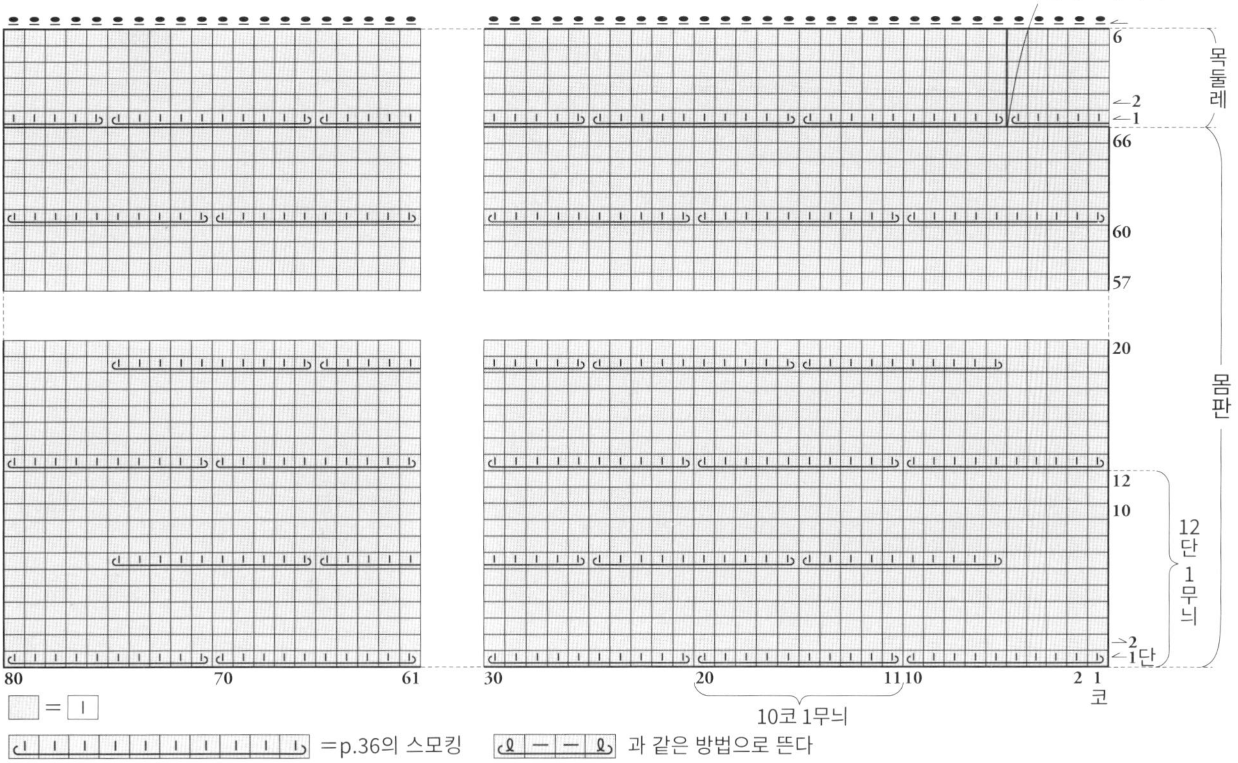

목둘레 뜨기 시작
목둘레
몸판
12단 1무늬
6
2
1
66
60
57
20
12
10
2
1단
80
70
61
30
20
11
10
2
1
코
10코 1무늬
=
=p.36의 스모킹
과 같은 방법으로 뜬다

목둘레

무늬뜨기
※ 몸판에서 무늬가 이어지도록 뜬다
덮어씌워 빼뜨기로 잇기
6/0호 바늘
안뜨기의 코막음
2(6단)
160코
코와 단 잇기
떠서 꿰매기

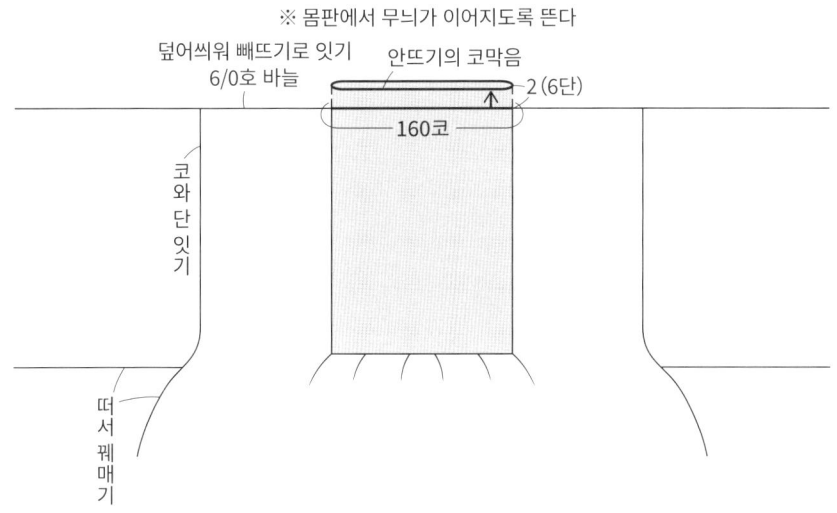

L →p.24, 25 산딸기 무늬 스웨터

실··· 하마나카 소노모노 헤어리(1볼 25g)
　　　내츄럴 화이트(121) 160g
바늘··· 8호 막힘 대바늘(2개 세트), 5/0호·6/0호 코바늘
게이지··· 무늬뜨기A·B 21코×30단 = 가로세로 10cm
사이즈··· 가슴둘레 122cm×옷길이 43cm×소매길이 40.5cm

◎ 뜨는 방법
실은 1가닥으로 뜬다.
몸판 2장은 각각 어깨, 목둘레를 이어 손가락에 실을 걸어
코를 만드는 방법으로 시작코를 만든 뒤 무늬뜨기A로 증감
없이 뜨고 뜨기 끝부분은 쉼코로 마무리한다.

소매도 같은 방법으로 시작코를 만든 뒤 무늬뜨기B로 증감
없이 뜨고 쉼코로 마무리한다.

어깨를 겉쪽에서 빼뜨기로 잇기한 뒤 소매를 코와 단 잇기로
단다. 옆선, 소맷단을 이어서 떠서 꿰매기로 연결한 뒤 밑단
에 가장자리뜨기를 뜬다.

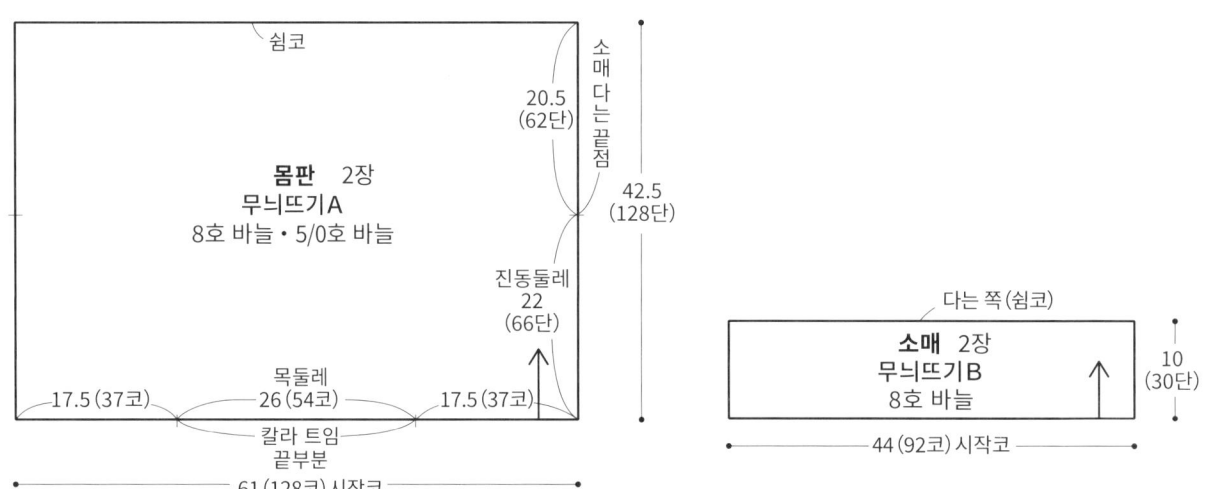

몸판 2장
무늬뜨기A
8호 바늘·5/0호 바늘

쉼코
20.5(62단)
소매 다는 끝점
42.5(128단)
진동둘레 22(66단)
목둘레
17.5(37코)   26(54코)   17.5(37코)
칼라 트임 끝부분
61(128코) 시작코

소매 2장
무늬뜨기B
8호 바늘
다는 쪽(쉼코)
10(30단)
44(92코) 시작코

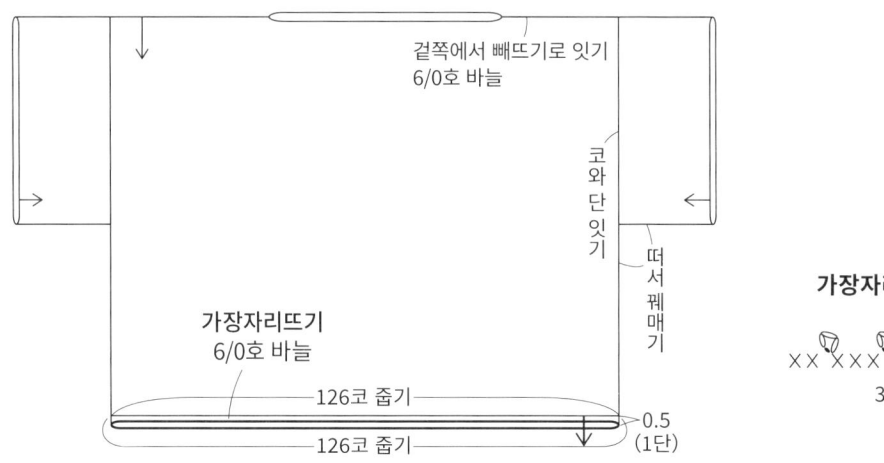

겉쪽에서 빼뜨기로 잇기
6/0호 바늘
코와 단 잇기
떠서 꿰매기
가장자리뜨기
6/0호 바늘
126코 줍기
126코 줍기
0.5(1단)

가장자리뜨기 기호도
실을 자른다
×× ××× × ×⟨×××⟩ × × × ← 1단
3코 1무늬   옆선   실을 잇는다

몸판 뜨는 법

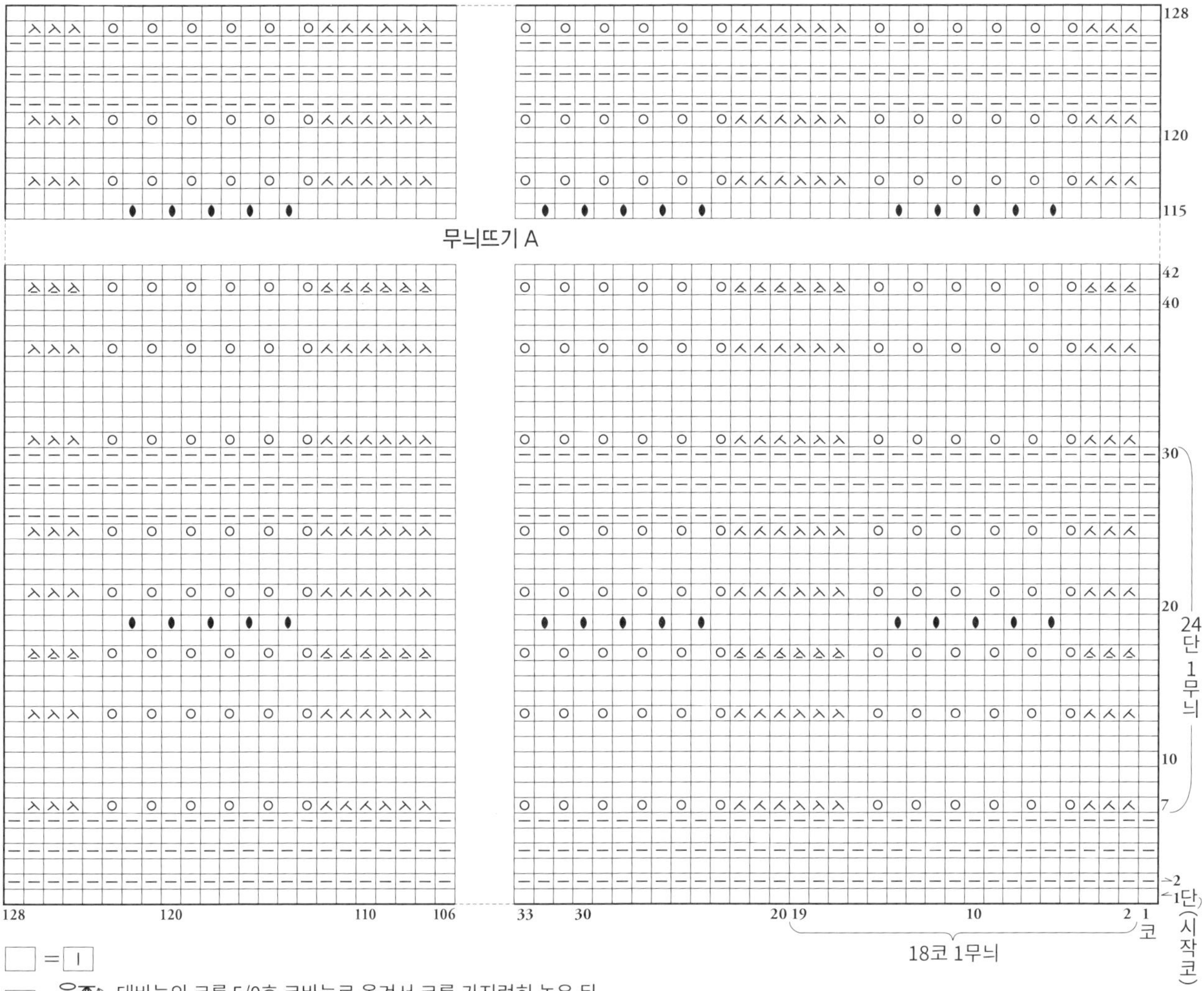

무늬뜨기 A

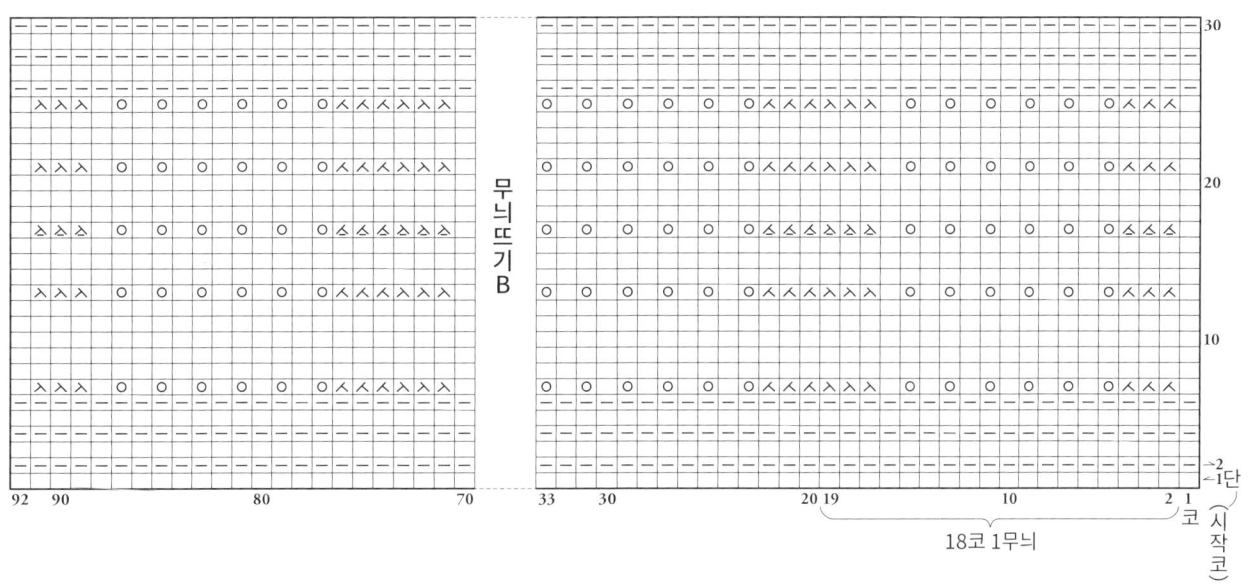

□ = |

● = 대바늘의 코를 5/0호 코바늘로 옮겨서 코를 가지런히 놓은 뒤 긴뜨기 4코 구슬뜨기와 사슬코를 떠서 오른쪽 대바늘로 코를 옮긴다

소매 뜨는 법

무늬뜨기 B

18코 1무늬

→ p.26, 27 철학자 스톨

실… 리치모어 알파카 레제로(1 볼 50g)
　　　화이트(1) 205g
　　　하마나카 넨네(1 볼 30g)
　　　화이트(1) 25g
바늘… 6호・10호 막힘 대바늘(2개 세트),
　　　10호 60cm 줄바늘
게이지… 메리야스뜨기 19코×27단 = 가로세로 10cm
사이즈… 도안 참조

◎ **뜨는 방법**

　실은 지정된 실 1 가닥으로, 바늘은 지정된 호수 외에는 10호 바늘로 뜬다.
　손가락에 실을 걸어 코를 만드는 방법으로 3코 시작코로 만든 뒤 가터뜨기, 메리야스뜨기, 가터뜨기 줄무늬, 무늬뜨기 줄무늬로 중앙에서 코를 늘리면서 뜨는데, 2개짜리 바늘로 코가 다 들어가지 않게 되면 줄바늘을 사용하여 왕복으로 뜬다.

　뜨기 끝부분은 코막음한다.

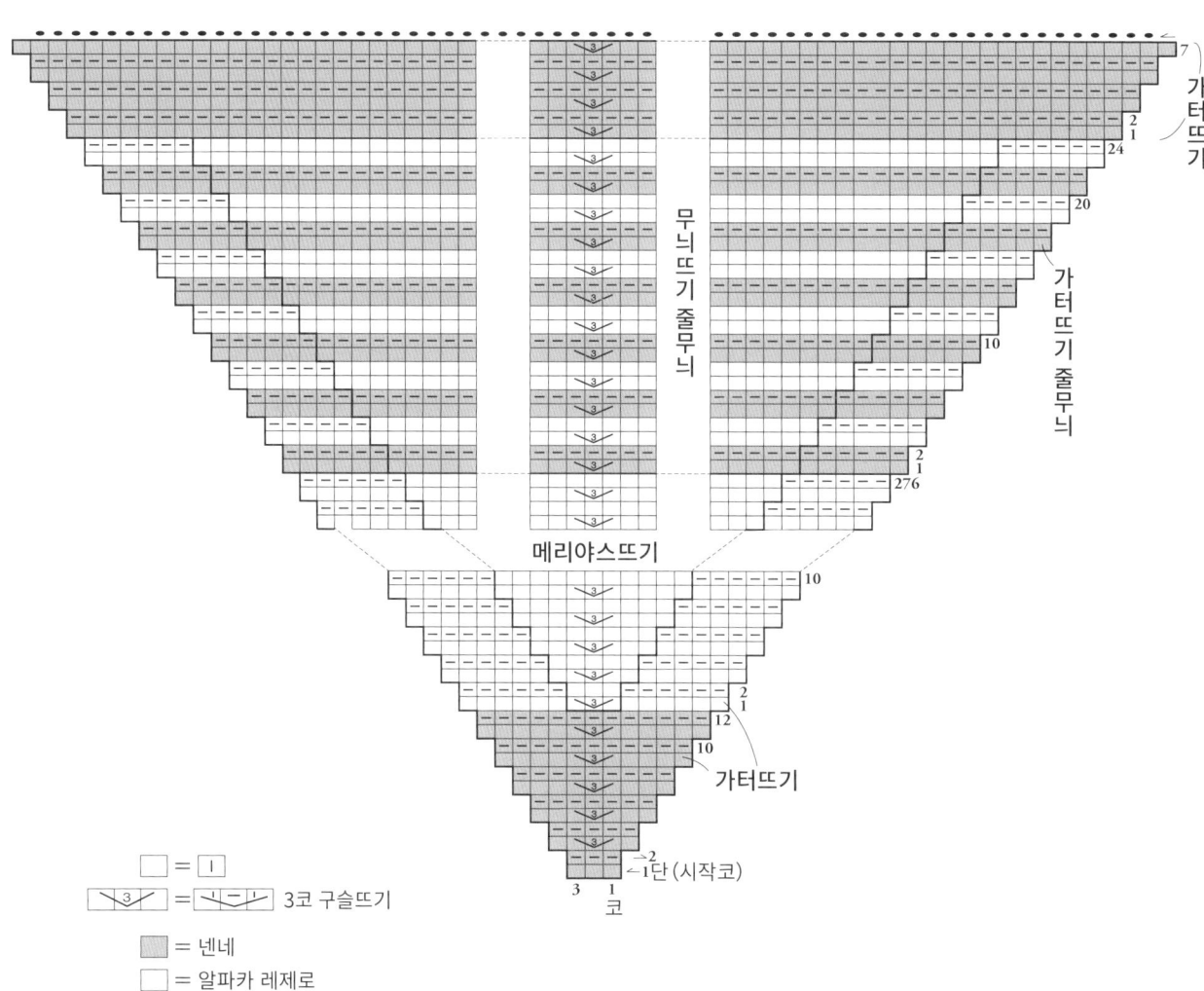

가터뜨기

무늬뜨기 줄무늬

가터뜨기 줄무늬

메리야스뜨기

가터뜨기

1단 (시작코)

3　1　코

$\boxed{}$ = $\boxed{\text{I}}$
⟨3⟩ = 3코 구슬뜨기
▨ = 넨네
□ = 알파카 레제로

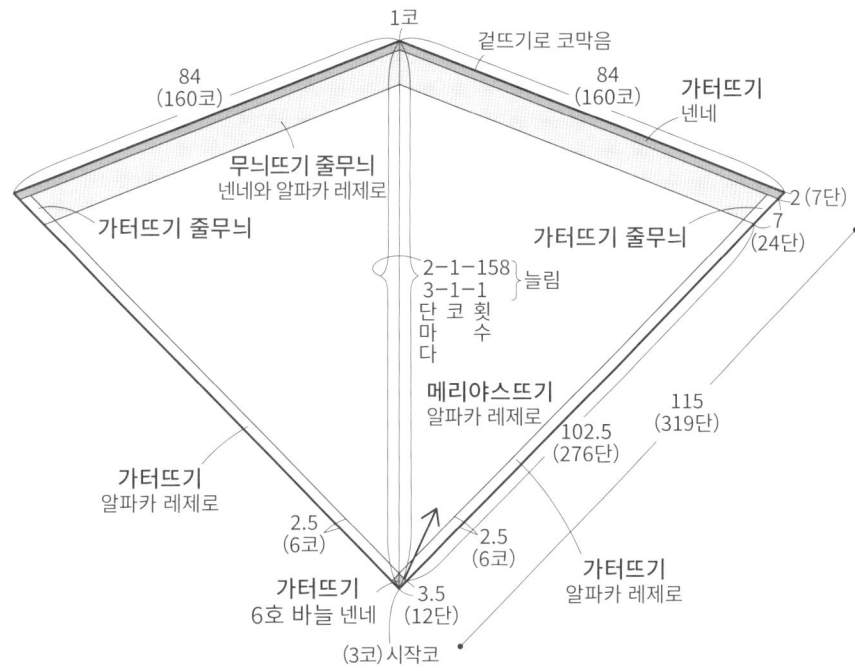

1코

84
(160코)

겉뜨기로 코막음

84
(160코)

가터뜨기
넨네

무늬뜨기 줄무늬
넨네와 알파카 레제로

가터뜨기 줄무늬

가터뜨기 줄무늬

2 (7단)

7
(24단)

2-1-158
3-1-1 } 늘림

단 코 횟
마   수
다

메리야스뜨기
알파카 레제로

115
(319단)

102.5
(276단)

가터뜨기
알파카 레제로

2.5
(6코)

2.5
(6코)

가터뜨기
6호 바늘 넨네

3.5
(12단)

가터뜨기
알파카 레제로

(3코) 시작코

코 늘리는 법

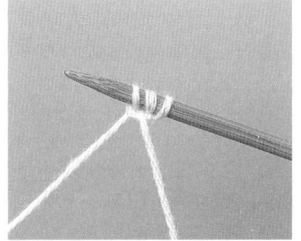

1 6호 바늘을 사용하여 넨네 실
로 손가락에 실을 걸어 코 만
드는 방법으로 3코 시작코를
만든다. 둘째 단은 안을 보고
뜨기에 겉뜨기로 3코를 뜬다.

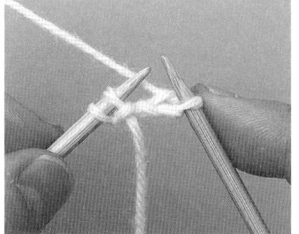

2 셋째 단.
겉으로 뒤집은 뒤 첫째 코
는 겉뜨기로 뜬다.

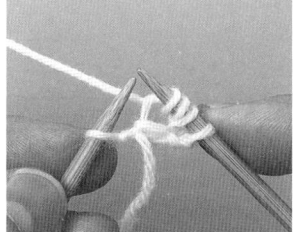

3 둘째 코는 겉뜨기, 안뜨기,
겉뜨기로 3코 떠 넣는다.

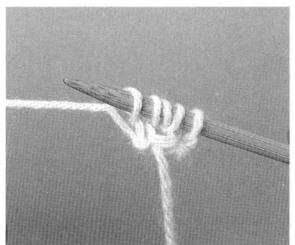

4 다음 코를 겉뜨기로 떠서
5코로 늘어난 모습.

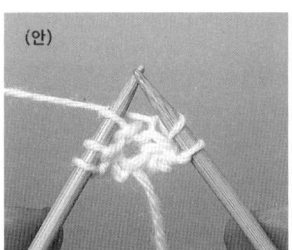

(안)

5 넷째 단은 안을 보고 뜨기
때문에 겉뜨기로 5코를 뜬다.

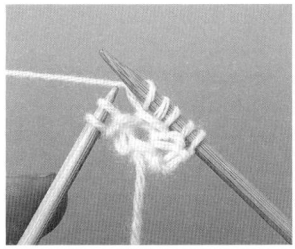

6 다섯째 단. 겉뜨기로 2코 뜬
뒤 셋째 코는 겉뜨기, 안뜨기,
겉뜨기로 3코 떠 넣는다.

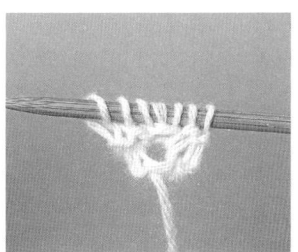

7 계속해서 겉뜨기로 2코 뜬다.
7코로 늘어난 모습.

8 같은 방법으로 12단까지 뜬
모습.

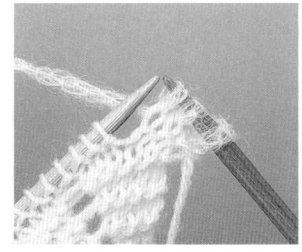

9 바늘을 10호 바늘로 실을
알파카 레제로로 바꿔 뜬다.

10 계속해서 뜬 모습.

N → p.28, 29 겨울 모자

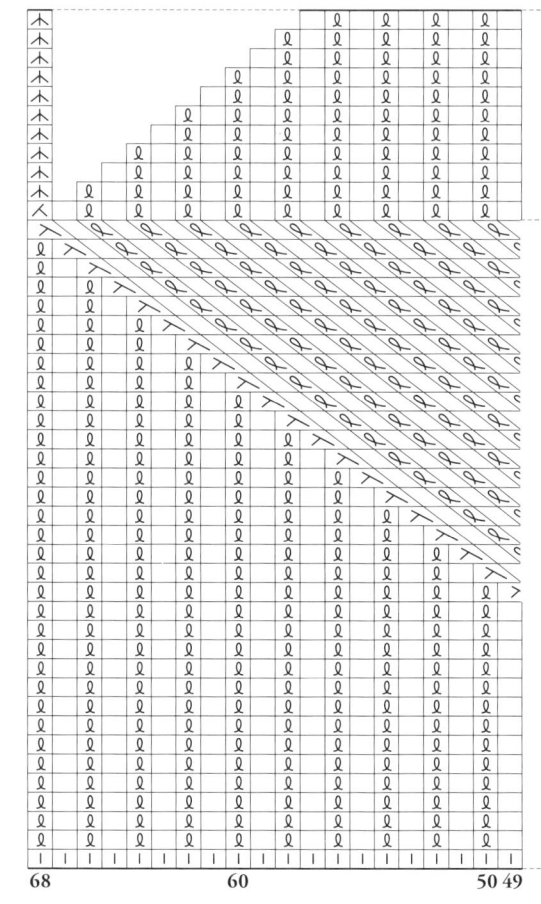

◎ 뜨는 방법

실은 1가닥으로 뜬다.

손가락에 실을 걸어 코를 만드는 방법으로 68코를 시작코로 만들어 원통형으로 만든 뒤 무늬뜨기(p.38, 70 눈꽃 요정 룸 슈즈와 같은 방법)를 34단 뜬다.

이어서 코를 줄이면서 11단을 뜨고, 남은 24코에 실을 통과시켜서 조인다.

털실방울을 만들어 정수리에 꿰매어 단다.

실… 하마나카 소노모노 후왓토(1볼 80g)
　　　내츄럴 화이트(131) 160g
바늘… 8mm 40cm·60cm 줄바늘
게이지… 무늬뜨기 14.5코×14단 = 가로세로 10cm
사이즈… 머리둘레 45cm×깊이 32cm

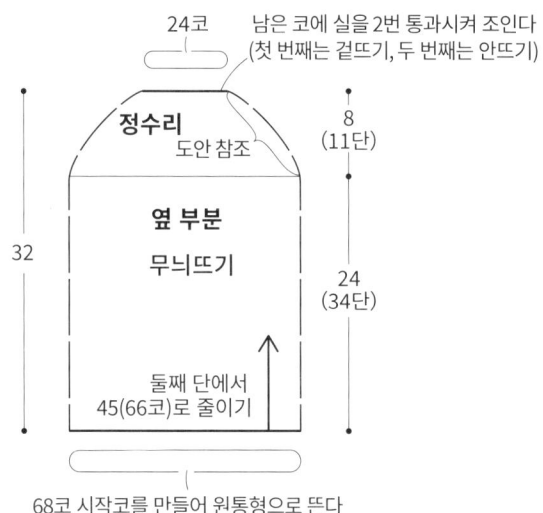

24코
남은 코에 실을 2번 통과시켜 조인다
(첫 번째는 겉뜨기, 두 번째는 안뜨기)

정수리
도안 참조

8
(11단)

옆 부분
무늬뜨기

32

24
(34단)

둘째 단에서
45(66코)로 줄이기

68코 시작코를 만들어 원통형으로 뜬다

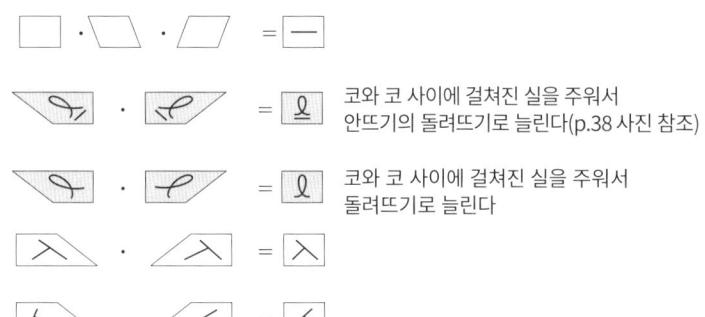

= 코와 코 사이에 걸쳐진 실을 주워서 안뜨기의 돌려뜨기로 늘린다(p.38 사진 참조)

= 코와 코 사이에 걸쳐진 실을 주워서 돌려뜨기로 늘린다

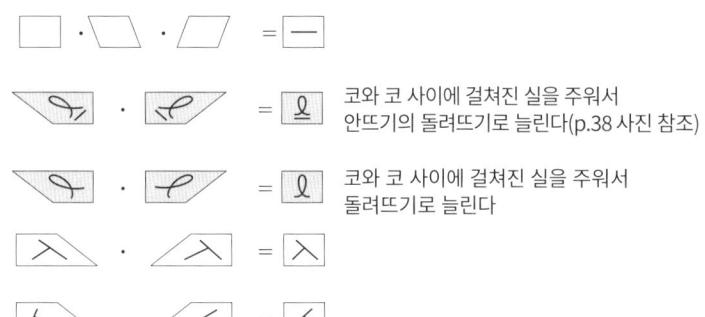

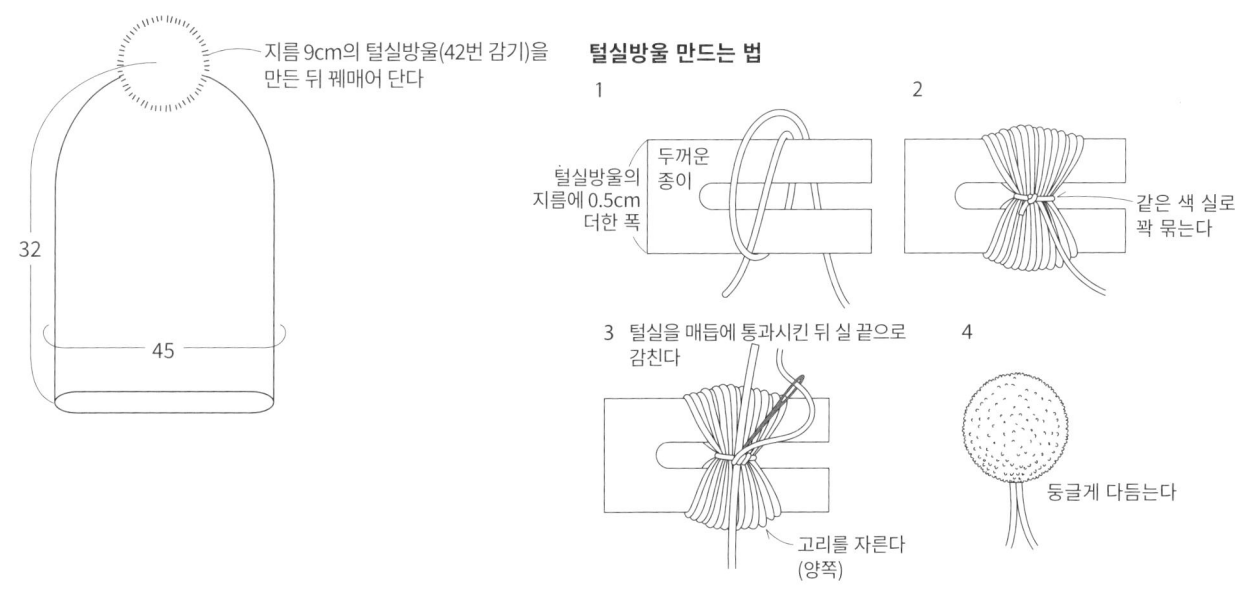

지름 9cm의 털실방울(42번 감기)을
만든 뒤 꿰매어 단다

털실방울 만드는 법

1

두꺼운 종이

털실방울의
지름에 0.5cm
더한 폭

2

같은 색 실로
꽉 묶는다

3 털실을 매듭에 통과시킨 뒤 실 끝으로
감친다

고리를 자른다
(양쪽)

4

둥글게 다듬는다

32

45

정수리의 첫째 단은 첫째 코를 뜨지 않고 오른쪽 바늘로 옮겨서 둘째 코부터 뜨고,
첫째 단의 마지막 코와 왼코 겹쳐 2코 모아뜨기
둘째 단 이후도 첫째 코는 뜨지 않고 오른쪽 바늘로 옮겨서 단의 마지막에 중심 3코 모아뜨기

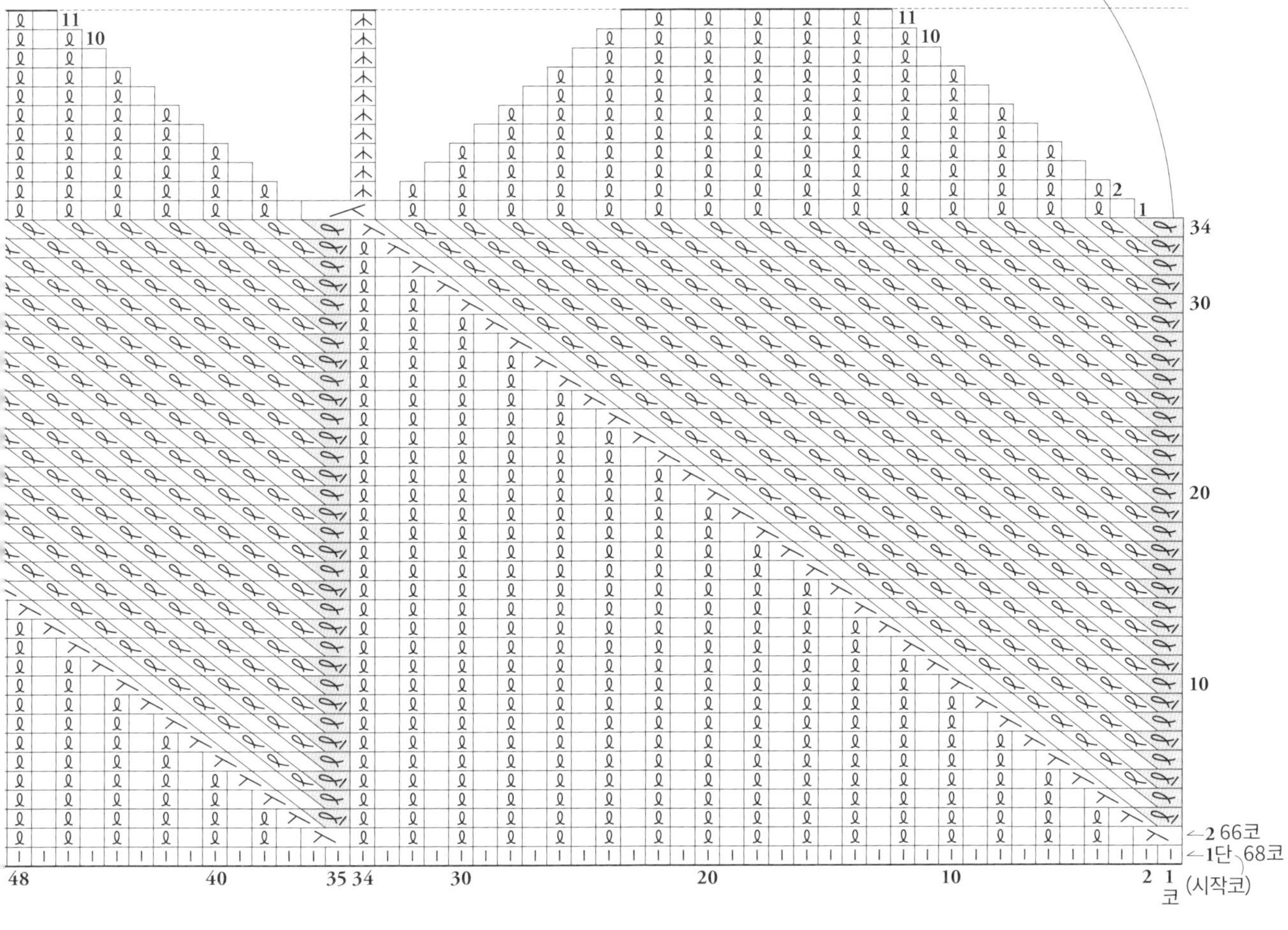

11 10 2 1

34
30
20
10

←2 66코
←1단 68코

48   40   35 34   30   20   10   2 1 (시작코)
코

O →p.30, 31 **매니시 베스트**

◎ **뜨는 방법**

실··· 하마나카 엑시드 울 L 《병태사》 (1 볼 40g)
　　화이트(301) 220g
바늘··· 5 호 막힘 대바늘(2 개 세트) ,
　　6/0 호 코바늘 (시작코에 사용), 꽈배기바늘
기타··· 지름 1.8cm 단추 5 개
게이지··· 2 코 고무뜨기 27 코×27 단 = 가로세로 10cm
사이즈··· 가슴둘레 88cm×옷길이 43cm

실은 1 가닥으로 뜬다.
뒤 몸판은 2코 고무뜨기 시작코로 코를 만들어 2코 고무뜨기로
증감 없이 34단 뜨고, 뜨기 끝부분은 2코 고무뜨기 코막음을 한다.
앞 몸판도 같은 방법으로 시작코를 만든 뒤 2코 고무뜨기로 줄이면
서 칼라까지 뜨고, 뜨기 끝부분은 쉼코로 마무리한다.

쉼코끼리 잇고 옆선을 떠서 꿰매기로 연결한다.
억지 단춧구멍을 만들고 단추를 단다.

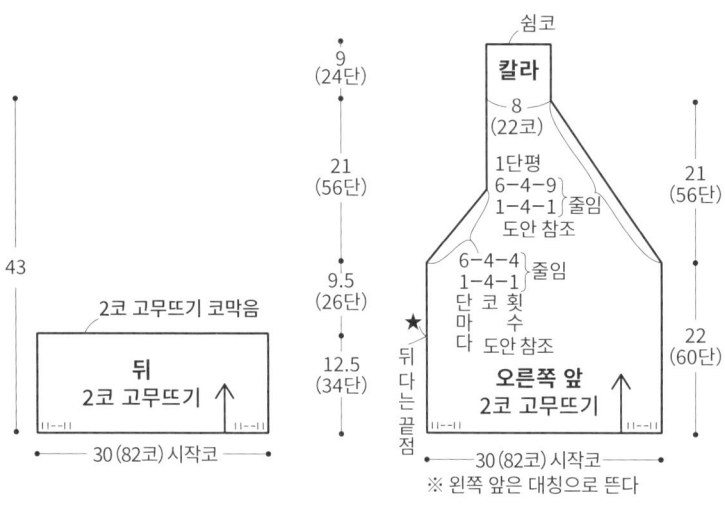

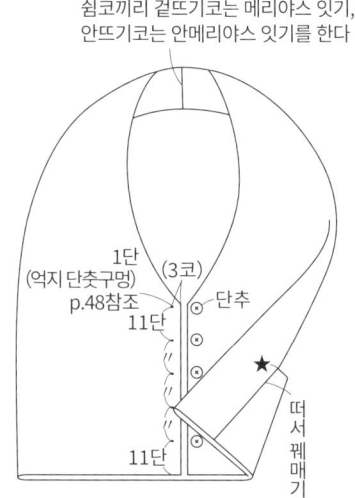

2코 고무뜨기의 4코 줄이는 법

⅄⅄⅄⅄
뜨는 법

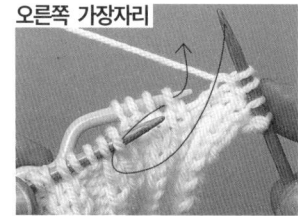

오른쪽 가장자리

1 도안 기호대로 가장자리 4코를 뜬 뒤 다음 4코를 꽈배기바늘로 옮겨 뒤에 둔다. 화살표처럼 바늘을 넣어 왼코 겹쳐 2코 모아뜨기를 겉뜨기로 뜬다.

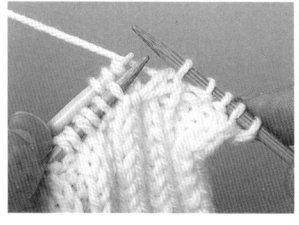

2 2코 모아뜨기를 떠서 1코 줄어든 모습. 같은 방법으로 앞쪽과 뒤쪽의 코를 건진 뒤 둘째 코는 겉뜨기, 셋째 코와 넷째 코는 안뜨기의 왼코 겹쳐 2코 모아뜨기를 뜬다.

3 4코 줄어든 모습.

⅄⅄⅄⅄
뜨는 법

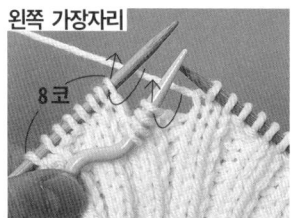

왼쪽 가장자리

1 12코 앞에서 4코를 꽈배기바늘로 옮겨 앞쪽에 둔다. 화살표처럼 꽈배기바늘의 1코와 왼쪽 바늘의 1코를 오른쪽 바늘로 옮기고 나서 오른코 겹쳐 2코 모아뜨기를 안뜨기로 뜬다.

2 2코 모아뜨기를 떠서 1코 줄어든 모습. 같은 방법으로 앞쪽과 뒤쪽의 코를 건진 뒤 둘째 코는 안뜨기, 셋째 코와 넷째 코는 겉뜨기의 오른코 겹쳐 2코 모아뜨기를 뜬다.

3 4코 줄어든 모습.

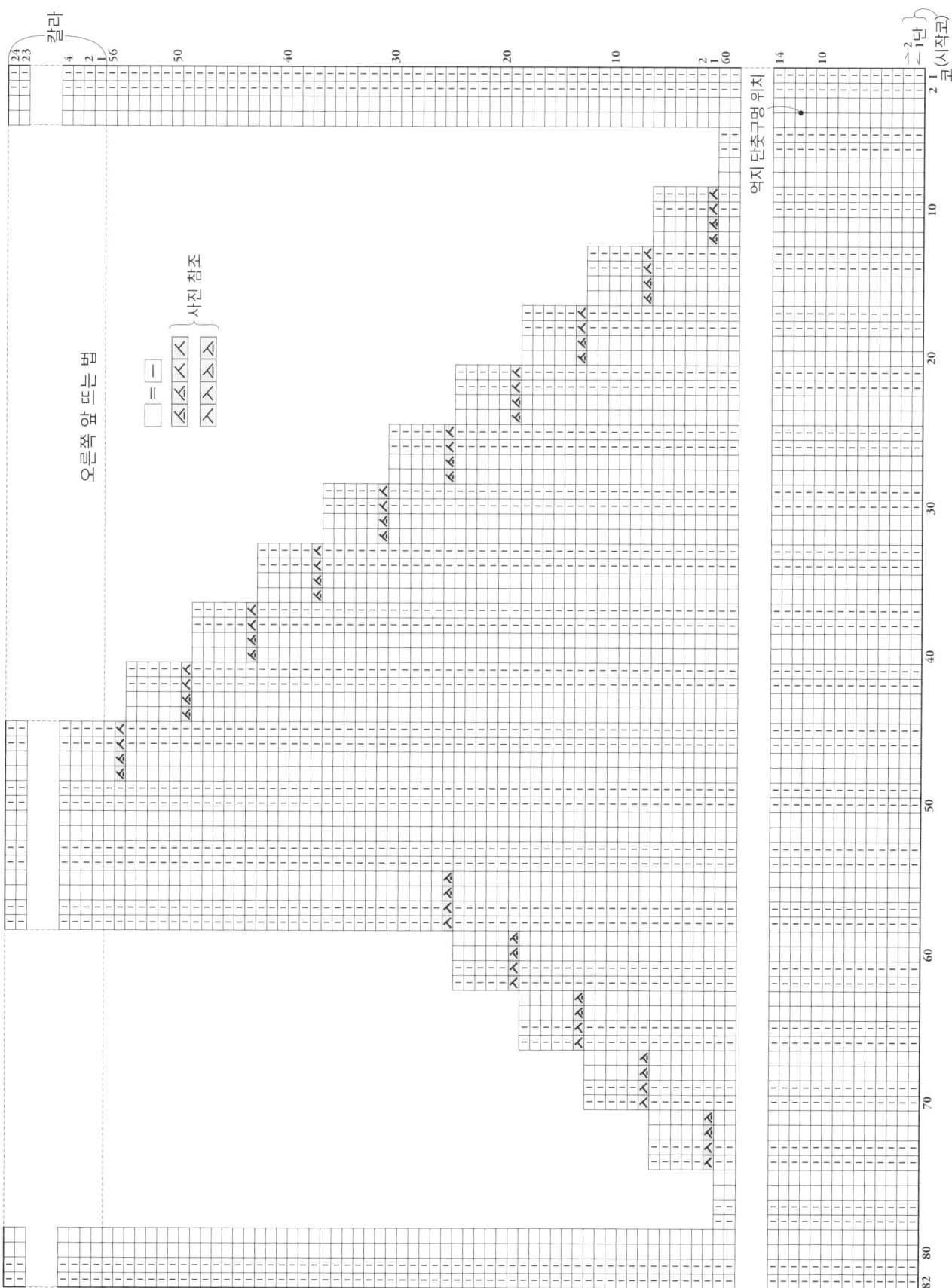

オ른쪽 앞 뜨는 법

사진 참조

엄지 단춧구멍 위치

 → p.33 　스모킹 장갑

실… 하마나카 소노모노 알파카 울(1볼 40g)
　　　　내츄럴 화이트(41) 90g
바늘… 8호 짧은 대바늘(4개 세트)
게이지… 변형고무뜨기・무늬뜨기 21코×25단
　　　　　= 가로 9cm×세로 10cm
사이즈… 손바닥 둘레 18cm×길이 25cm

◎ **뜨는 방법**

실은 1가닥으로 뜬다. 오른손을 뜬다.
　손가락에 실을 걸어 코를 만드는 방법으로 시작코를 만들어 원통형으로 만든 뒤 변형고무뜨기를 16단 뜬다.
　이어서 손등 쪽은 무늬뜨기, 손바닥 쪽은 변형고무뜨기로 뜨는데, 엄지손가락 구멍에는 지정된 위치에 별도의 실을 떠 넣는다.
　손가락 끝은 코를 줄인 뒤 남은 14코에 실을 통과시켜서 조인다. 엄지손가락은 별도의 실을 풀어서 코줍기를 한 뒤 변형고무뜨기를 전체에서 줄이면서 뜨고, 남은 6코에 실을 통과시켜서 조인다.
　왼손은 엄지손가락 구멍을 지정된 위치에 만들어 뜬다.

오른손
※ 왼손의 엄지손가락 구멍은 기호도의 위치에 만든다

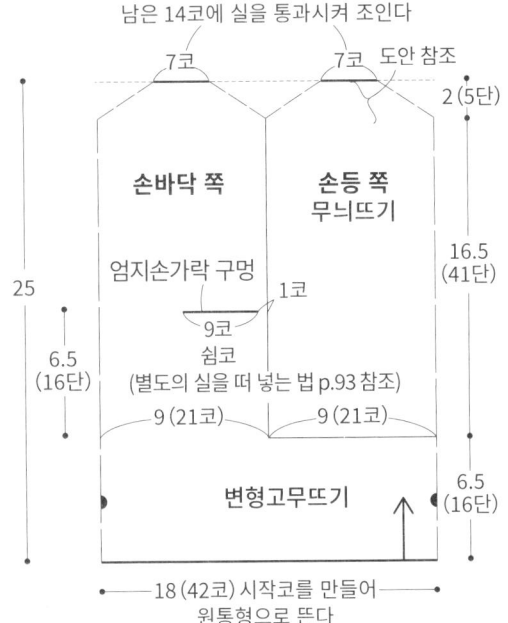

엄지손가락
변형고무뜨기

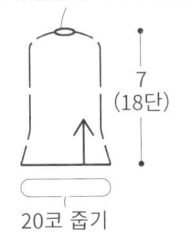

왼손 엄지손가락 뜨는 법
변형고무뜨기

오른손 엄지손가락 뜨는 법
변형고무뜨기

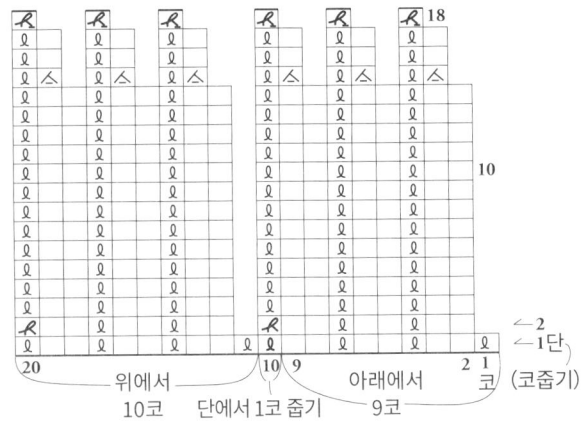

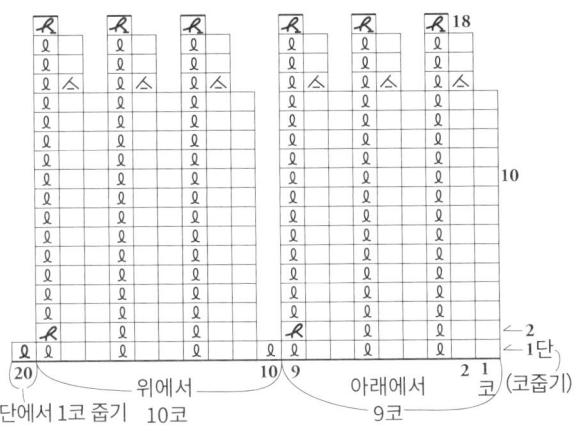

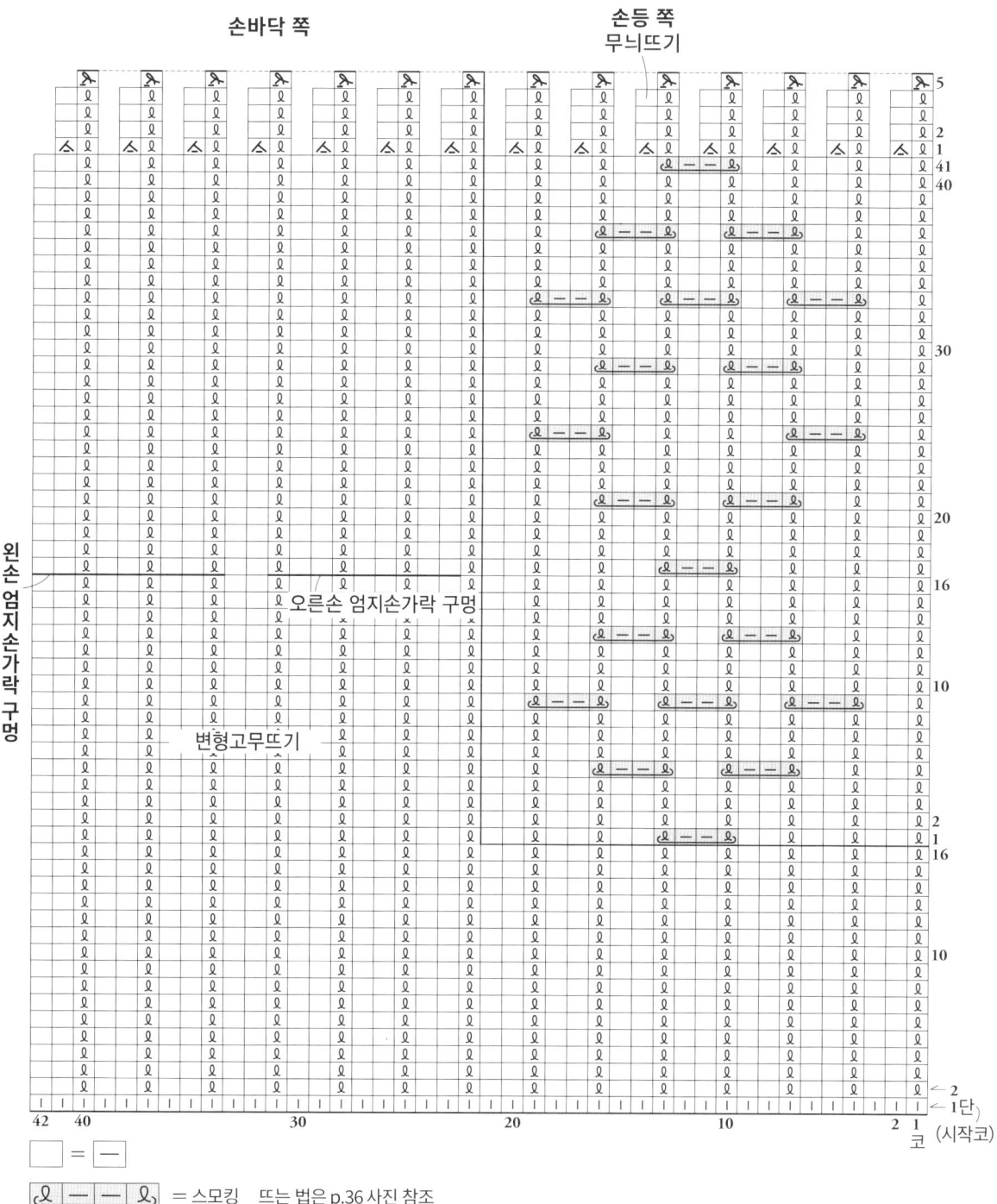

오른손 뜨는 법

손바닥 쪽

손등 쪽
무늬뜨기

오른손 엄지손가락 구멍

왼손 엄지손가락 구멍

변형고무뜨기

42 40　　30　　20　　10　　2 1
코　(시작코)

☐ = ─

🔲 ─ ─ ─ 🔲 = 스모킹　뜨는 법은 p.36 사진 참조

83

P →p.32 양말 뒤꿈치 모양 가방

실… 하마나카 소노모노 루프(1볼 40g)
　　　내츄럴 화이트(51) 145g
　　　하마나카 소노모노《초극태사》(1볼 40g)
　　　내츄럴 화이트(11) 130g
바늘… 13호 막힘 대바늘(2개 세트)·대바늘(4개 세트),
　　　6/0호 코바늘
부재료… 안감 52×72cm
게이지… 메리야스뜨기, 안메리야스뜨기 12코×17단
　　　= 가로세로 10cm
사이즈… 도안 참조

◎ **뜨는 방법**
　실은 1가닥으로, 지정된 실로 뜬다.
　옆면은 입구 쪽에서 별도의 실을 사용하여 코 만드는 방법으로 54코를 시작코로 만든 뒤 안메리야스뜨기, 메리야스뜨기로 랩앤턴(p.87~89 참조)을 하면서 뜨고, 뜨기 끝부분은 쉼코로 마무리한다.
　손잡이는 손가락에 실을 걸어 코를 만드는 방법으로 20코를 시작코로 만든 뒤 메리야스뜨기로 증감 없이 뜨고, 뜨기 끝부분은 코막음한다. 옆면의 맞춤표시끼리 떠서 꿰매기로 연결한다.
　입구는 원통형으로 코줍기한 뒤 2코 고무뜨기로 뜨고, 뜨기 끝부분은 앞단과 같은 기호로 코막음한다. 단춧고리와 털실방울을 만들어 꿰매어 달고, 손잡이는 양쪽 옆선의 안쪽에 꿰매어 단다. 안감을 만들어 옆면 안쪽에 꿰매어 단다.

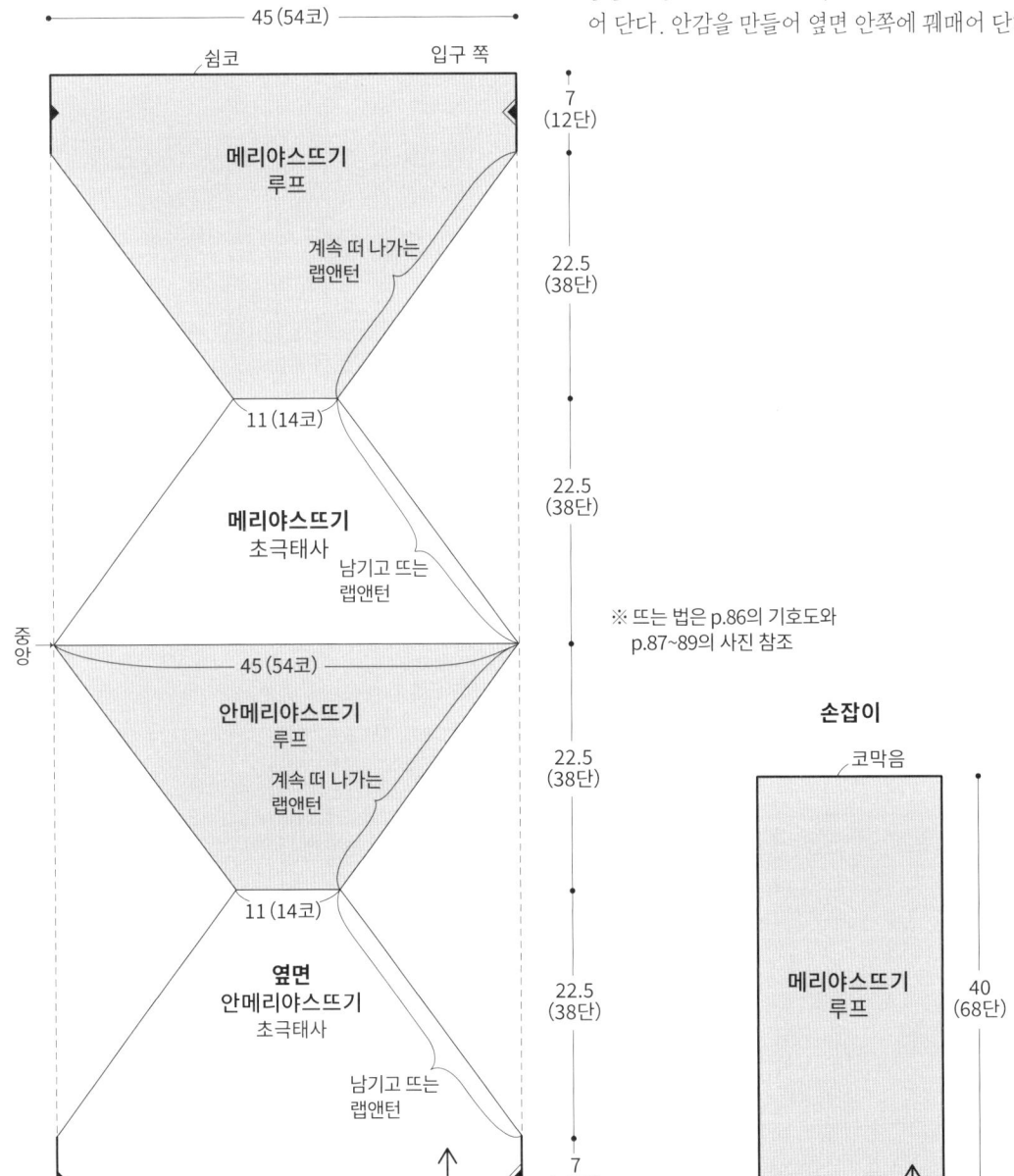

쉼코　　　　　　　　　입구 쪽
45 (54코)

메리야스뜨기
루프

계속 떠 나가는
랩앤턴

11 (14코)

메리야스뜨기
초극태사

남기고 뜨는
랩앤턴

중앙

45 (54코)

안메리야스뜨기
루프

계속 떠 나가는
랩앤턴

11 (14코)

옆면
안메리야스뜨기
초극태사

남기고 뜨는
랩앤턴

입구 쪽
45 (54코) 시작코

7 (12단)

22.5 (38단)

22.5 (38단)

22.5 (38단)

22.5 (38단)

7 (12단)

※ 뜨는 법은 p.86의 기호도와
　 p.87~89의 사진 참조

손잡이

코막음

메리야스뜨기
루프

40 (68단)

17 (20코) 시작코

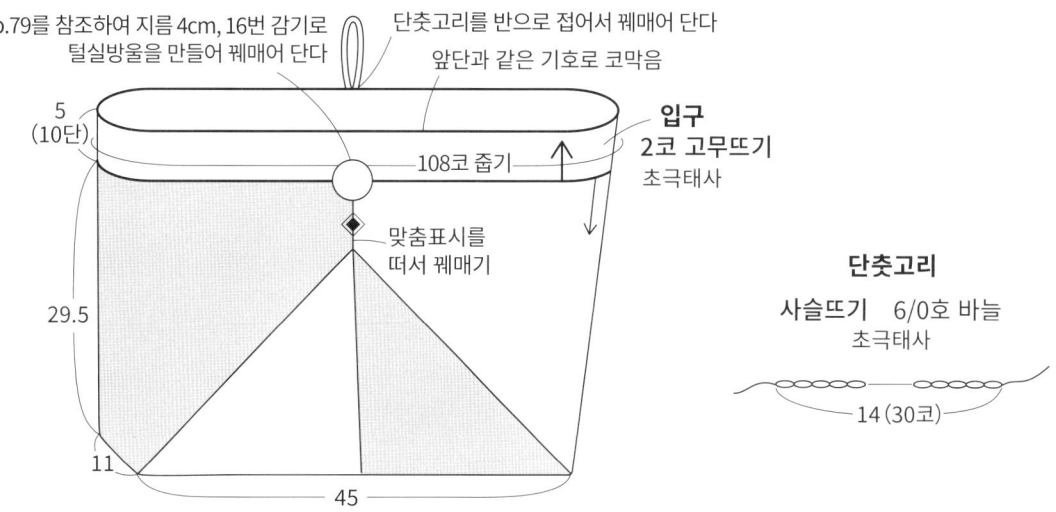

털실방울 초극태사

p.79를 참조하여 지름 4cm, 16번 감기로
털실방울을 만들어 꿰매어 단다

단춧고리를 반으로 접어서 꿰매어 단다
앞단과 같은 기호로 코막음

5
(10단)

108코 줍기

입구
2코 고무뜨기
초극태사

맞춤표시를
떠서 꿰매기

29.5

11

45

단춧고리

사슬뜨기　6/0호 바늘
초극태사

14 (30코)

안감 재단하기

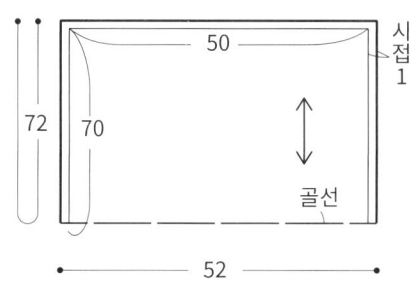

50

시
접
1

72
70

골선

52

안감 준비하기

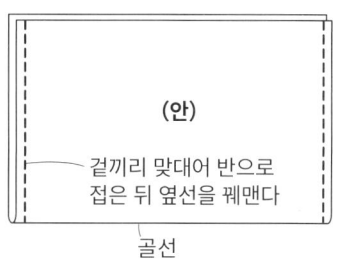

(안)

겉끼리 맞대어 반으로
접은 뒤 옆선을 꿰맨다

골선

마무리 방법

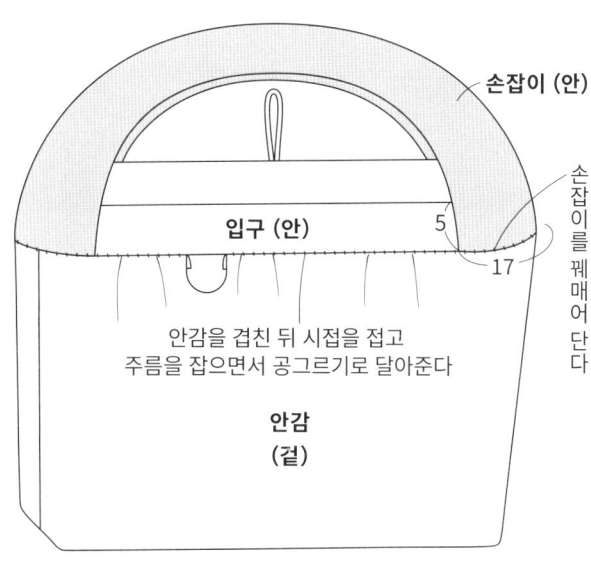

손잡이 (안)

입구 (안)

5

손
잡
이
를
꿰
매
어
단
다

17

안감을 겹친 뒤 시접을 접고
주름을 잡으면서 공그르기로 달아준다

안감
(겉)

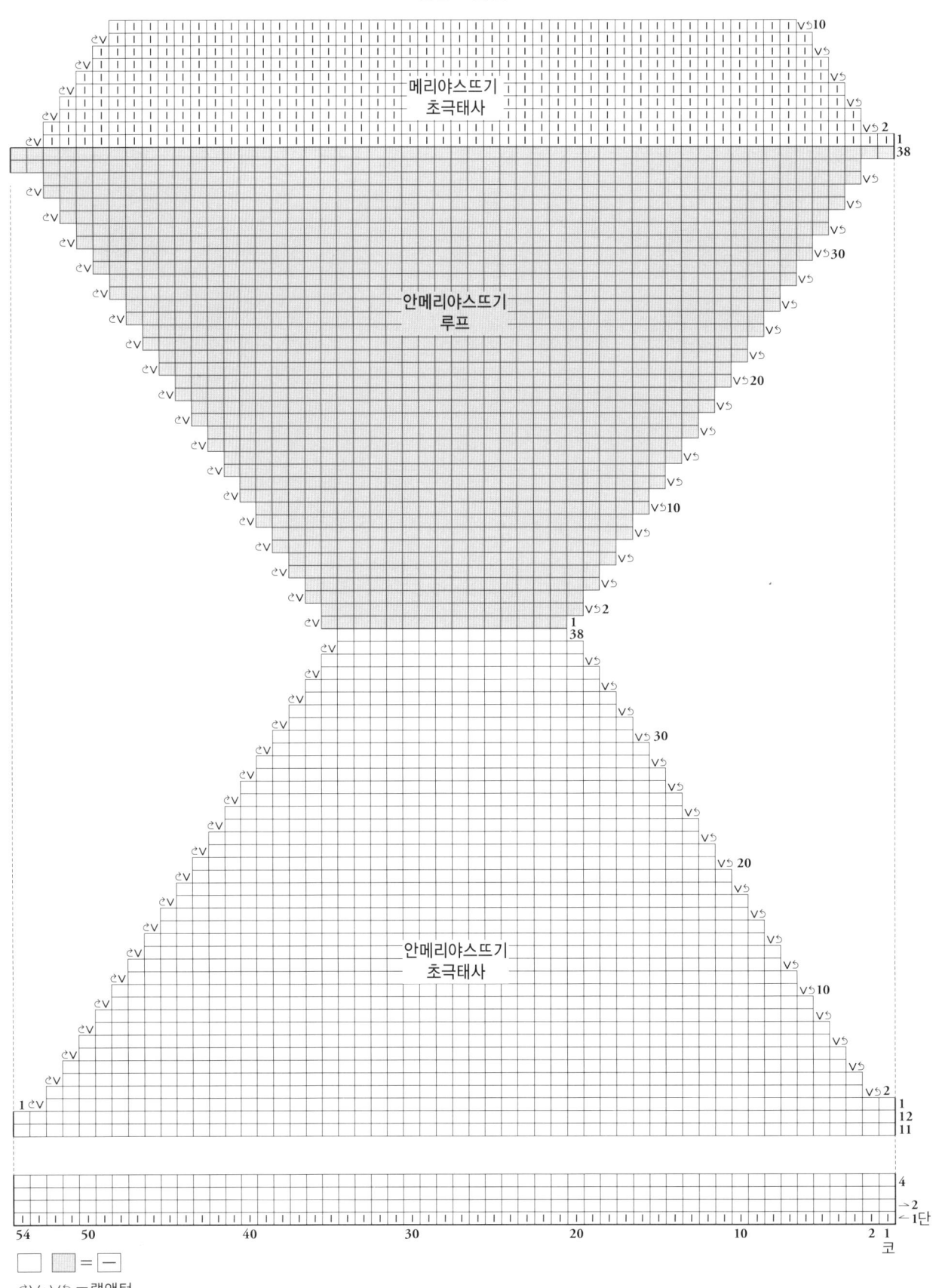

메리야스뜨기
초극태사

안메리야스뜨기
루프

안메리야스뜨기
초극태사

$\square$ $\boxed{}$ = $\boxed{-}$

⊂V・V⊃ = 랩앤턴

P 양말 뒤꿈치 모양 가방 p.32 / p.84

◎ **랩앤턴 뜨는 법**　　※이해하기 쉽도록 실을 바꿔서 설명하고 있습니다

남기고 뜨는 랩앤턴 뜨는 법

안메리야스뜨기의 경우

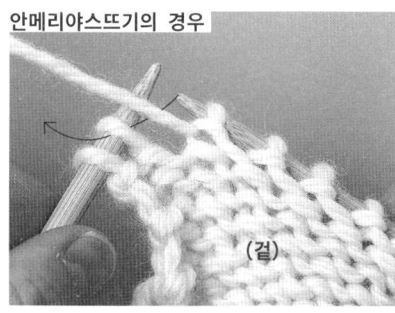

1 첫째 단은, 2코 앞까지 안뜨기를 뜨고 나서 실을 앞쪽으로 두고 오른쪽 바늘에 뜨지 않고 코를 옮긴다(걸러뜨기).

2 실을 뒤쪽으로 두고 걸러뜨기를 왼쪽 바늘로 다시 옮긴다.

3 걸러뜨기의 앞에 실이 걸쳐진 모습. 걸러뜨기의 아랫부분에 실을 감듯이 뜨개바탕을 돌려서 안으로 뒤집는다.

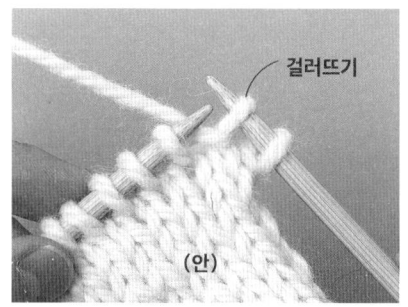

4 걸러뜨기의 아랫부분에 실이 감긴 모습. 둘째 단을 2코 앞까지 겉뜨기로 뜬다.

메리야스뜨기의 경우

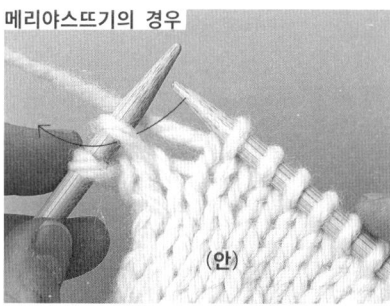

5 2코 앞에서 실을 뒤쪽으로 두고 걸러뜨기를 한다.

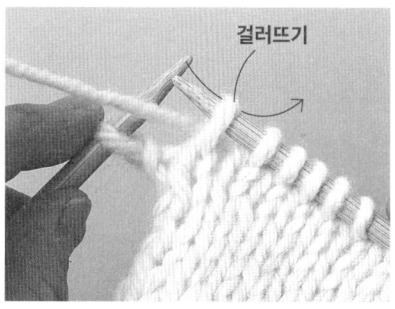

6 실을 앞쪽으로 두고 걸러뜨기를 왼쪽 바늘로 다시 옮긴다.

7 걸러뜨기의 아랫부분에 실을 감듯이 뜨개바탕을 돌려서 겉으로 뒤집은 뒤 셋째 단을 뜬다.

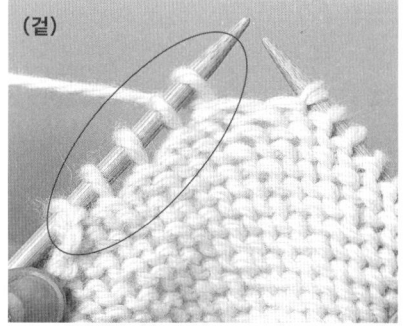
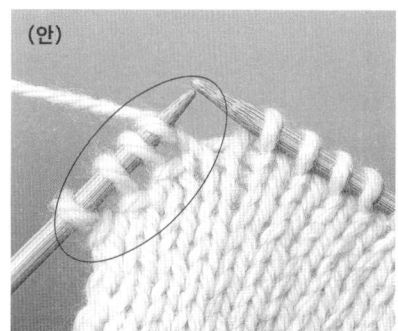

8 계속해서 뜬 모습. 걸러뜨기의 아랫부분에 실이 감긴다(랩앤턴).

계속 떠 나가는 랩앤턴 뜨는 법

안메리야스뜨기의 경우

1 남기고 뜨는 랩앤턴으로 38단까지 뜬 모습. 바늘에는 14코 남는다.

2 첫째 단은 실을 바꿔서 안뜨기로 14코 뜬 뒤 랩앤턴으로 떴던 코는 뜨지 않고 걸러뜨기를 한다.

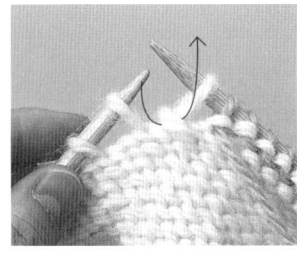

3 화살표처럼 걸러뜨기의 아랫부분에 감긴 코를 건져서 왼쪽 바늘에 건다.

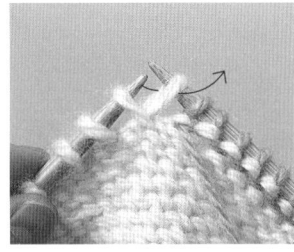

4 걸러뜨기를 왼쪽 바늘로 다시 옮긴다.

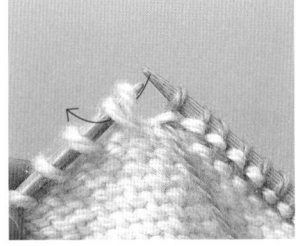

5 2코 한꺼번에 안뜨기로 뜬다.

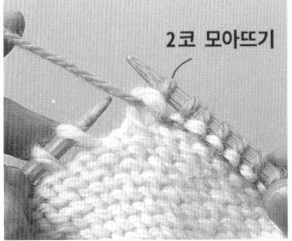

6 2코 모아뜨기를 뜬 모습.

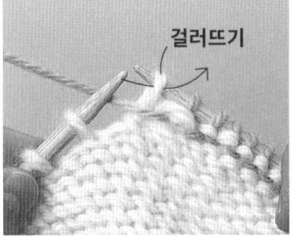

7 실을 앞쪽으로 두고 걸러뜨기를 한 뒤 실을 뒤쪽으로 두고 걸러뜨기를 왼쪽 바늘로 다시 옮긴다. 걸러뜨기의 아랫부분에 실을 감듯이 뜨개바탕을 돌려서 안으로 뒤집는다.

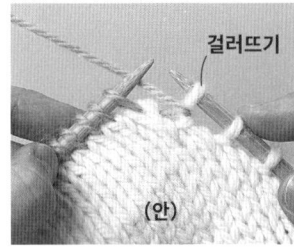

8 걸러뜨기의 아랫부분에 실이 감긴 모습. 이어서 둘째 단을 겉뜨기로 계속 떠 나간다.

메리야스뜨기의 경우

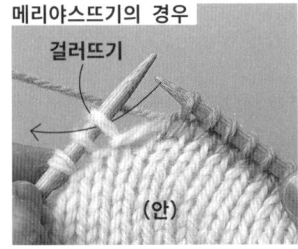

9 둘째 단의 뜨기 끝부분은 실을 바늘 뒤쪽으로 둔 뒤 랩앤턴으로 떴던 코는 뜨지 않고 걸러뜨기를 한다.

10 화살표처럼 걸러뜨기의 아랫부분에 감긴 코를 건져서 왼쪽 바늘에 건다.

11 걸러뜨기를 왼쪽 바늘로 다시 옮긴다.

12 2코 한꺼번에 겉뜨기로 뜬다.

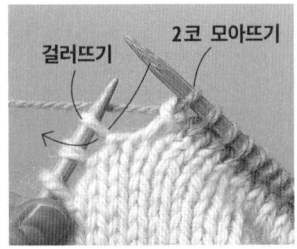

13 2코 모아뜨기를 뜬 모습. 실을 뒤쪽으로 두고 걸러뜨기를 한다.

14 실을 앞쪽으로 두고 걸러뜨기를 왼쪽 바늘로 다시 옮긴다. 실을 감듯이 뜨개바탕을 돌려서 겉으로 뒤집는다.

셋째 단 이후

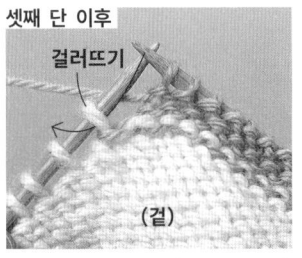

15 셋째 단의 걸러뜨기 앞까지 뜬 뒤 걸러뜨기를 한다.

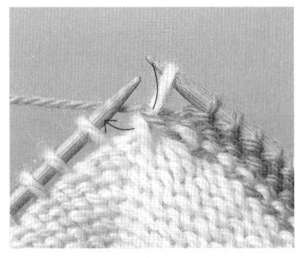

16 화살표처럼 오른쪽 바늘로 감긴 2가닥을 건진다.

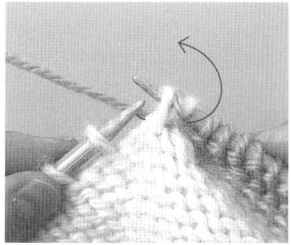

17 건진 2가닥과 걸러뜨기
를 왼쪽 바늘로 옮긴다.

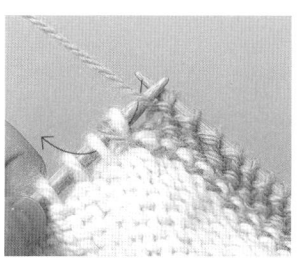

18 걸러뜨기와 감긴 2가닥
을 3코 모아뜨기의 안뜨
기로 뜬다.

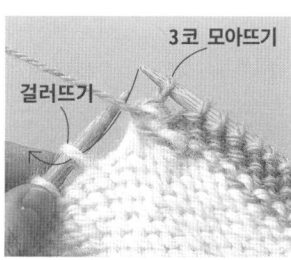

19 3코 모아뜨기를 뜬 모습.
실을 앞쪽으로 두고 걸러
뜨기를 한다.

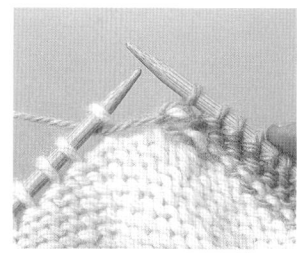

20 실을 뒤쪽으로 두고 걸러뜨기
를 왼쪽 바늘로 다시 옮긴다.
실을 감듯이 해서 뜨개바탕
을 돌려서 안으로 뒤집는다.

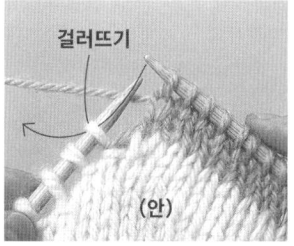

21 4단을 걸러뜨기의 앞까지
뜬 뒤 실을 뒤쪽으로 두고
랩앤턴으로 떴던 코는 뜨지
않고 걸러뜨기를 한다.

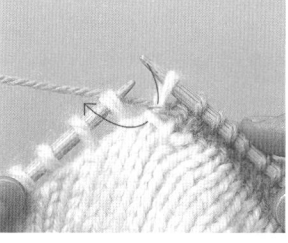

22 화살표처럼 걸러뜨기의
아랫부분에 감긴 2가닥
을 오른쪽 바늘로 건진
다.

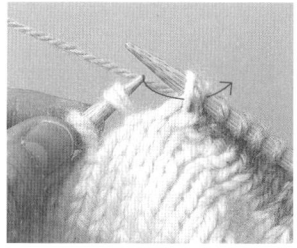

23 왼쪽 바늘에 건진 2가닥
과 걸러뜨기를 옮긴다.

24 걸러뜨기와 감긴 2가닥을
3코 모아뜨기의 겉뜨기로
뜬다.

25 같은 방법으로, 뜨기 끝부
분 쪽에서 감긴 2가닥을 건
져 3코 모아뜨기로 뜬 뒤 실
을 랩하여 뜨개바탕을 돌리
는 과정을 반복한다.

26 계속 뜬 모습.

안메리야스뜨기일 경우의 실 걸치는 법

메리야스뜨기일 경우의 실 걸치는 법

[기초 테크닉]
대바늘뜨기의 기초

시작코

◎ **손가락에 실을 걸어 코 만드는 방법** 시작코는 지정된 바늘 호수보다 2호 이상 가는 바늘 2개 또는 1호 굵은 바늘 1개를 사용하여 만드세요

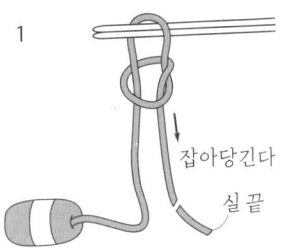

1
실 끝에서부터 완성 치수의 약 3배를 남겨두고 고리를 만든 뒤 바늘을 가지런히 해서 고리 속에 넣는다.

잡아당긴다
실 끝

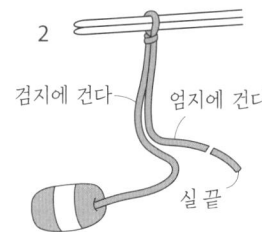

2
고리를 조인다.

검지에 건다   엄지에 건다
실 끝

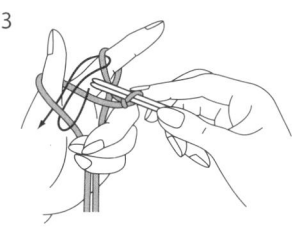

3
짧은 쪽을 왼손 엄지에, 실타래 쪽을 검지에 건 뒤 오른손은 고리 부분을 누르면서 바늘을 잡는다. 검지에 걸려 있는 실을 그림처럼 줍는다.

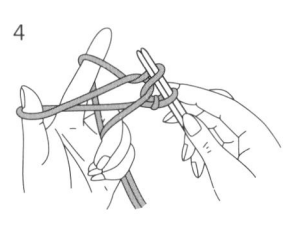

4
다 주운 모습.

5
엄지로 짧은 쪽 실을 조인다
엄지에 걸려 있는 실을 빼고, 그 아래쪽을 걸면서 매듭을 짓는다.

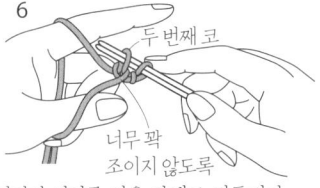

6
두 번째 코
너무 꽉 조이지 않도록
엄지와 검지를 처음 상태로 되돌린다. 3~5를 반복한다.

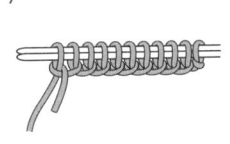

7
필요한 콧수만큼 만든다. 이것을 겉뜨기 1단으로 센다.

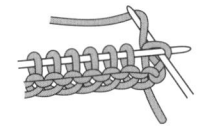

8
바늘 1개를 뺀 뒤 실이 있는 쪽에서부터 둘째 단을 뜬다.
※ 원통형으로 뜨는 경우 p93 「장갑 뜨개 포인트 ◎ 시작코를 원통형으로 만들기」를 참조

◎ **별도의 실을 사용해서 코를 만드는 방법**

1
실 끝쪽
뜨개실과 비슷한 굵기의 면사로 사슬뜨기를 한 뒤 사슬의 뜨기 끝부분의 사슬코 뒷산에 바늘을 넣어 뜨개실을 끌어낸다.

2
필요한 콧수만큼 코를 줍는다.

3
코를 주운 모습.
이것을 겉뜨기 1단으로 센다.

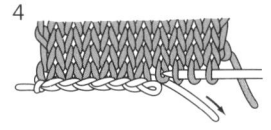

4
코를 주울 때는 별도의 사슬코를 풀면서 코를 바늘에 줍는다. 마지막 가장자리 코는 반코를 줍는다.

◎ **2코 고무뜨기 시작코 만드는 법**

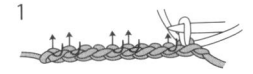

1
별도의 실로 필요한 콧수만큼 사슬뜨기를 한 뒤 그림처럼 뒤쪽의 볼록 나온 부분에 바늘을 넣어 2코 걸러 2코씩 끌어낸다.

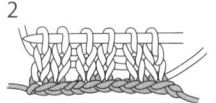

2
메리야스뜨기를 2단 뜬다.

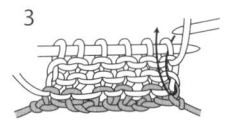

3
뜨개바탕을 뒤집은 뒤 화살표처럼 바늘을 넣어 안뜨기로 뜬다.

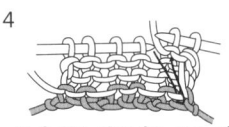

4
둘째 코를 안뜨기로 뜨고 셋째 코는 첫째 단의 첫째 코와 둘째 코 사이에 걸쳐진 실에 바늘을 넣어 겉뜨기를 뜬다.

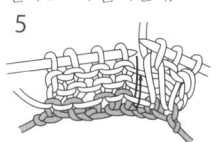

5
다음 코도, 첫째 단의 걸쳐진 실에 바늘을 넣어서 겉뜨기로 뜬다.

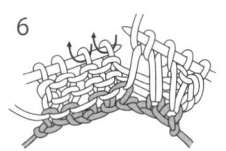

6
계속해서 안뜨기로 2코 뜬다.

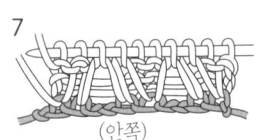

7
(안쪽)
4~6을 반복해서 떠서 시작코가 만들어진 모습. 둘째 단으로 센다.

뜨개 기호

겉뜨기	안뜨기	걸기코	돌려뜨기	돌려뜨기 (안뜨기)
I	—	O	Ω	ଥ

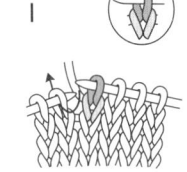
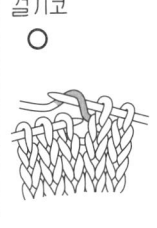
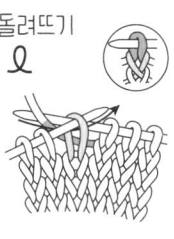
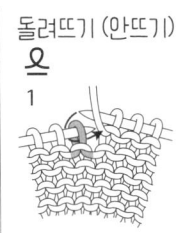
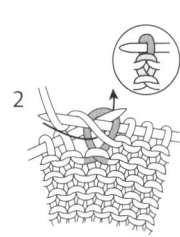

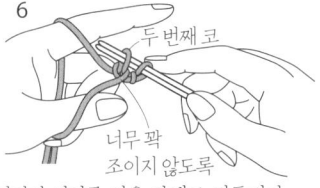

오른코 겹쳐 2코 모아뜨기

겉뜨기를 뜬다 뜨지 않고 오른쪽 바늘로 옮긴다

옮긴 코를 덮어씌운다.

왼코 겹쳐 2코 모아뜨기

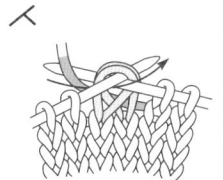

겉뜨기를 2코 한꺼번에 뜬다.

오른코 겹쳐 2코 모아 안뜨기

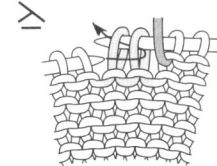

오른쪽 바늘로 옮긴 2코에 바늘을 넣어서 코를 바꿔 넣는다.

안뜨기를 2코 한꺼번에 뜬다.

왼코 겹쳐 2코 모아 안뜨기

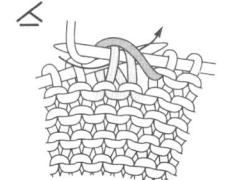

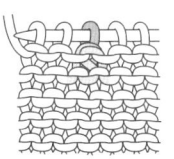

안뜨기를 2코 한꺼번에 뜬다.

오른코 겹쳐 3코 모아뜨기

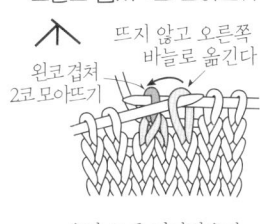

뜨지 않고 오른쪽 바늘로 옮긴다

왼코 겹쳐 2코모아뜨기

옮긴 코를 덮어씌운다.

왼코 겹쳐 3코 모아뜨기

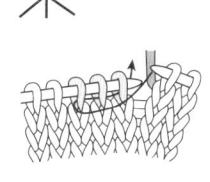

3코 한꺼번에 뜬다.

중심 3코 모아뜨기

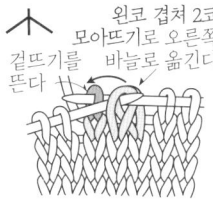

왼코 겹쳐 2코 모아뜨기로 오른쪽 겉뜨기를 바늘로 옮긴다 뜬다

2코를 함께 덮어씌운다.

걸러뜨기

코를 뜨지 않은 채로 오른쪽 뜨개실을 뒤쪽으로 걸친다

아랫단의 코가 끌어올려진다.

걸쳐뜨기

코를 뜨지 않은 채로 오른쪽 바늘로 옮긴 뒤 뜨개실을 앞쪽으로 걸친다

아랫단의 코가 끌어올려진다.

오른코 교차뜨기

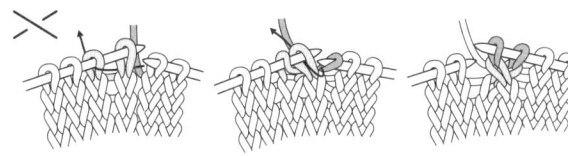

오른쪽 바늘을 다음 코의 뒤쪽을 통과시켜 화살표처럼 1코 건너뛰어 넣은 뒤 겉뜨기를 뜬다.

건너뛴 코를 겉뜨기로 뜬다.

왼쪽 바늘에서 2코를 뺀다.

왼코 교차뜨기

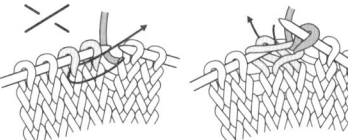

오른쪽 바늘을 다음 코의 앞쪽을 통과시켜 화살표처럼 1코 건너뛰어 넣은 뒤 겉뜨기를 뜬다.

건너뛴 코를 겉뜨기로 뜬다.

왼쪽 바늘에서 2코를 뺀다.

오른코 위 2코 교차뜨기

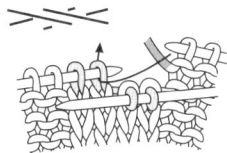

별도의 바늘에 2코 옮겨 앞쪽에 두고 다음 2코를 겉뜨기로 뜬다.

별도의 바늘에 옮긴 코를 겉뜨기로 뜬다.

왼코 위 2코 교차뜨기

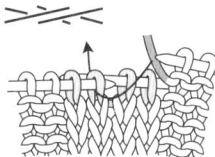

별도의 바늘에 2코 옮겨 뒤쪽에 두고 다음 2코를 겉뜨기로 뜬다.

별도의 바늘에 옮긴 코를 겉뜨기로 뜬다.

오른코 위 2코 교차뜨기, 왼코 위 2코 교차뜨기의 방법으로 교차뜨기를 뜰 때 아래쪽 코를 안뜨기로 뜬다.

※ 콧수가 다를 때도 같은 방법으로 뜬다.

오른코 위 2코와 1코 교차뜨기 (겉뜨기와 안뜨기)

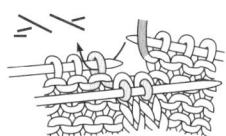

별도의 바늘에 2코 옮겨 앞쪽에 두고 다음 1코를 안뜨기로 뜬다.

별도의 바늘에 옮긴 코를 겉뜨기로 뜬다.

왼코 위 2코와 1코 교차뜨기 (겉뜨기와 안뜨기)

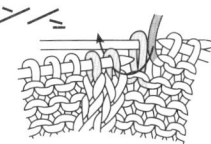

별도의 바늘에 1코 옮겨 뒤쪽에 두고 다음 2코를 겉뜨기로 뜬다.

별도의 바늘에 옮긴 코를 안뜨기로 뜬다.

돌려뜨기로 늘리기

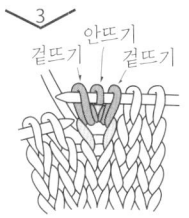

첫째 코와 둘째 코 사이에 걸쳐진 실을 오른쪽 바늘로 건져서 돌려뜨기로 뜬다.

오른코 위 돌려 교차뜨기 (아래쪽 안뜨기)

별도의 바늘에 1코 옮겨 앞쪽에 쉬어두고 다음 1코를 안뜨기로 뜬다.

별도의 바늘에 옮긴 코를 돌려뜨기로 뜬다.

왼코 위 돌려 교차뜨기 (아래쪽 안뜨기)

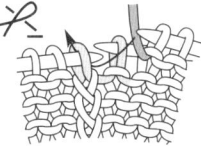

별도의 바늘에 1코 옮겨 뒤쪽에 쉬어두고 다음 1코를 안뜨기로 뜬다.

별도의 바늘에 옮긴 코를 돌려뜨기로 뜬다.

3코 구슬뜨기

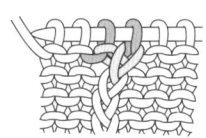

겉뜨기 안뜨기 겉뜨기

되돌아뜨기는 뜨기 끝부분에서 만들기 시작하므로 좌우에서 1단 어긋납니다.
뜨기 시작 부분은 되돌아뜨기에 들어가는 1단 앞쪽에서 남기고 뜨면, 도안상의 단차가 적어집니다.

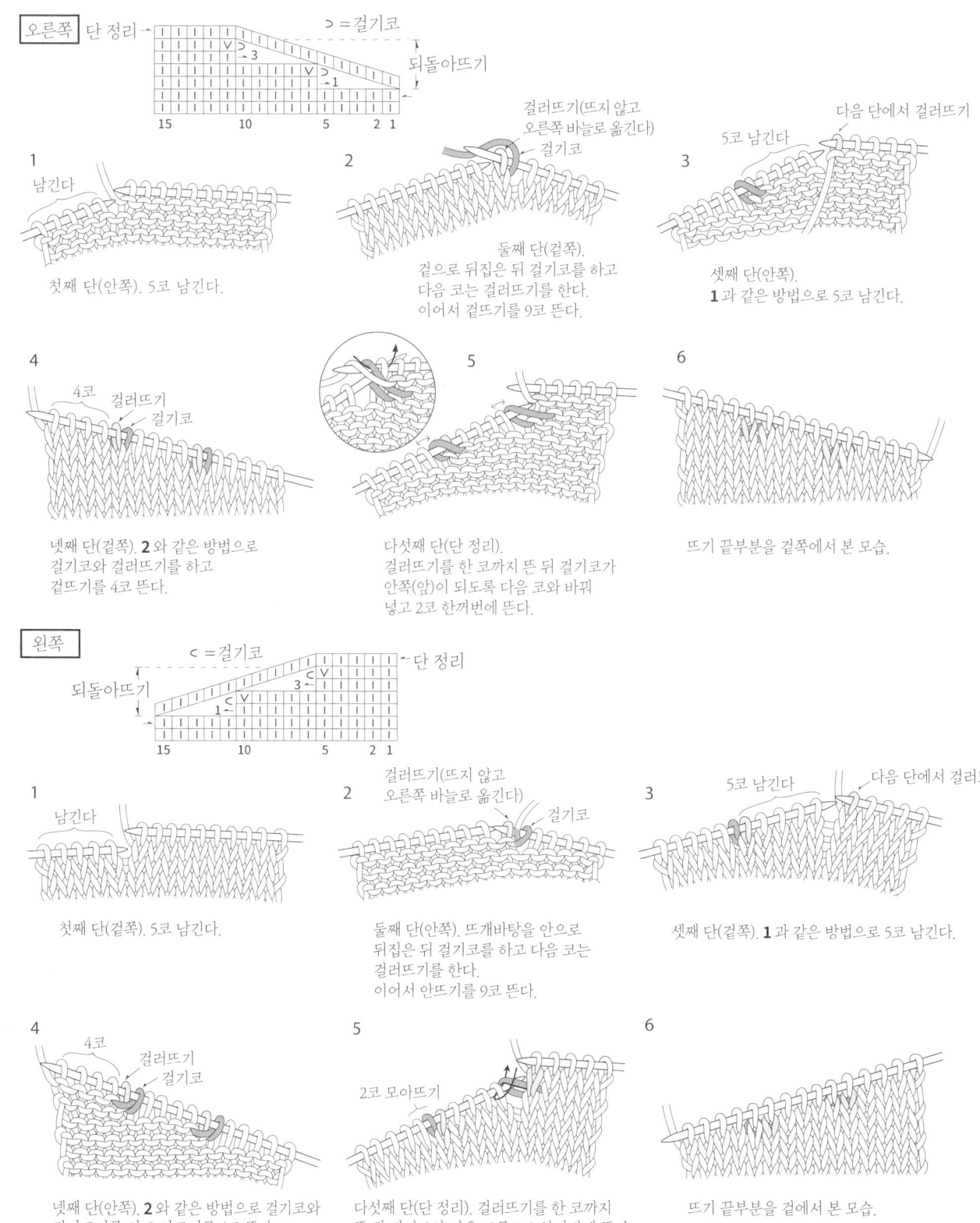

오른쪽 단 정리 →   ⊃ =걸기코
되돌아뜨기
15 10 5 2 1

1
남긴다
첫째 단(안쪽). 5코 남긴다.

2
걸러뜨기(뜨지 않고 오른쪽 바늘로 옮긴다)
걸기코
둘째 단(겉쪽).
겉으로 뒤집은 뒤 걸기코를 하고 다음 코는 걸러뜨기를 한다.
이어서 겉뜨기를 9코 뜬다.

3
5코 남긴다
다음 단에서 걸러뜨기
셋째 단(안쪽).
1과 같은 방법으로 5코 남긴다.

4
4코
걸러뜨기
걸기코
넷째 단(겉쪽). **2**와 같은 방법으로 걸기코와 걸러뜨기를 하고 겉뜨기를 4코 뜬다.

5
다섯째 단(단 정리).
걸러뜨기를 한 코까지 뜬 뒤 걸기코가 안쪽(앞)이 되도록 다음 코와 바꿔 넣고 2코 한꺼번에 뜬다.

6
뜨기 끝부분을 겉쪽에서 본 모습.

왼쪽   ⊂ =걸기코   단 정리
되돌아뜨기
15 10 5 2 1

1
남긴다
첫째 단(겉쪽). 5코 남긴다.

2
걸러뜨기(뜨지 않고 오른쪽 바늘로 옮긴다)
걸기코
둘째 단(안쪽). 뜨개바탕을 안으로 뒤집은 뒤 걸기코를 하고 다음 코는 걸러뜨기를 한다.
이어서 안뜨기를 9코 뜬다.

3
5코 남긴다
다음 단에서 걸러뜨기
셋째 단(겉쪽). **1**과 같은 방법으로 5코 남긴다.

4
4코
걸러뜨기
걸기코
넷째 단(안쪽). **2**와 같은 방법으로 걸기코와 걸러뜨기를 하고 안뜨기를 4코 뜬다.

5
2코 모아뜨기
다섯째 단(단 정리). 걸러뜨기를 한 코까지 뜬 뒤 걸기코와 다음 코를 2코 한꺼번에 뜬다.

6
뜨기 끝부분을 겉에서 본 모습.

◎ 시작코를 원통형으로 만들기

1

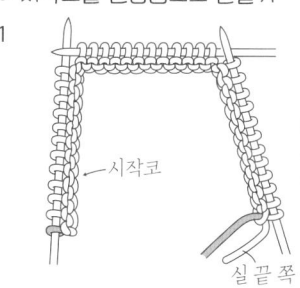

필요한 콧수만큼
시작코를 만든 뒤
대바늘 3개에 코를 나눈다

시작코

실 끝 쪽

2

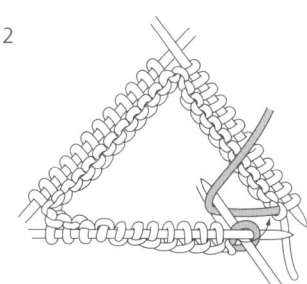

나머지 대바늘로 첫째 코를 뜨고
원통형으로 떠 나간다.

※ 이때 꼬이지 않도록 주의한다.

◎ 엄지손가락 구멍에 별도의 실을 떠 넣는 법

1

별도의 실

쉬어둔다

★

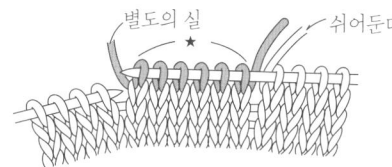

엄지손가락 구멍 앞에서 뜨고 있던 실을 쉬어둔 뒤
별도의 실로 지정된 콧수(★여기서는 6코)를 뜬다.

2

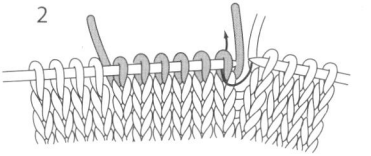

별도의 실로 뜬 코를 왼쪽 바늘로 옮긴 뒤
쉬어둔 실로 별도의 실 위쪽을 이어서 뜬다.

3

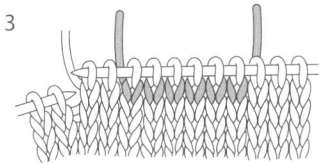

계속해서 떠 나간다.

◎ 엄지손가락의 코 줍는 법

1

7코

6코

▲   ▲

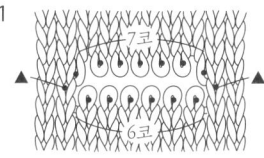

별도의 실을 풀어내고, 위아래
에서 엄지손가락 콧수를 바늘에
나눠 줍는다.
※ 코줍기가 부족할 때는 좌우의
▲에서도 줍는다.

2

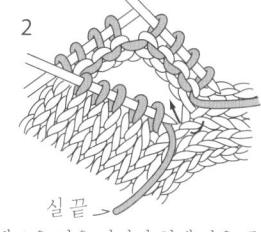

실 끝

새로운 실을 이어서 첫째 단을 뜬다.
아래쪽 코부터 뜨기 시작한다.
▲부분부터 주울 경우 화살표처럼
왼쪽 바늘을 넣고 꼬아서 1코 뜬다.
반대쪽에서 1코 주울 경우에도 같은
방법으로 꼬아서 뜬다.

3

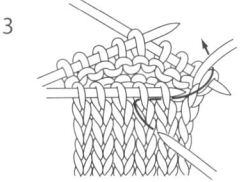

둘째 단부터는 원통형으로 증감
없이 뜬 뒤, 마지막 단에서 왼코
겹쳐 2코 모아뜨기를 한다
(작품에 따라 다르다).

4

실을 조금 남기고 자른 뒤
남은 코에 실을 2번 통과시
켜서 조인다.
한 코당 이중으로 통과시키
면 더욱 조여진다.

● 빼뜨기 코막음 (겉뜨기일 때)

1

가장자리 2코를 겉뜨기로
뜬 뒤, 첫째 코를 둘째 코
에 덮어씌운다.

2

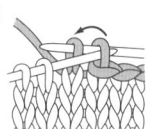

겉뜨기를 뜨고 덮어
씌우는 과정을 반복
한다.

3

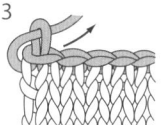

마지막 코에 실을
통과시켜 코를 조인다.

◗ 빼뜨기 코막음 (안뜨기일 때)

1

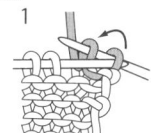

가장자리 2코를 안뜨기
로 뜬 뒤 첫째 코를 둘째
코에 덮어씌운다.

2

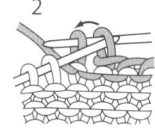

안뜨기를 뜨고
덮어씌우는 과정을
반복한다.

3

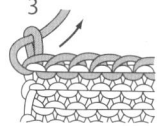

마지막 코에 실을
통과시켜 코를 조인다.

◎ 덮어씌워 빼뜨기로 잇기

1

뒤쪽 코를
빼낸다

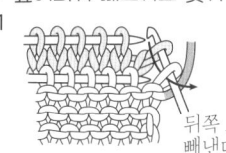

뜨개바탕을 겉끼리 맞대어 잡은 뒤
앞쪽 코에서 코바늘을 넣어서 2코를
걸고 뒤쪽 코를 빼낸다.

2

2

1

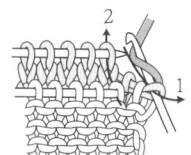

실을 걸어서 빼낸다.

3

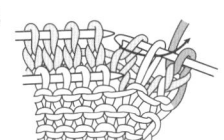

둘째 코도 1처럼 뒤쪽 코를
끌어낸다.

4

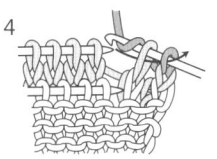

실을 건 뒤 3에서 끌어낸
코와 코바늘에 걸려 있는
코를 함께 빼낸다.

5

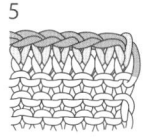

3, 4를 반복한다.

◎ 빼뜨기로 잇기

1

(안)

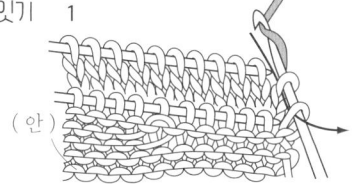

뜨개바탕을 겉끼리 맞대어
잡은 뒤 코바늘로 앞뒤 1코씩
걸어 빼낸다.

2

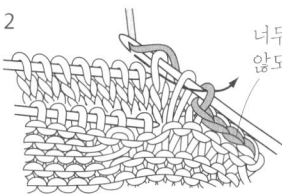

너무 빡빡해지지
않도록 한다.

◎ 메리야스 잇기 (바늘에 코가 남아 있을 때)

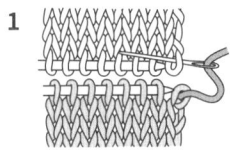 **1**
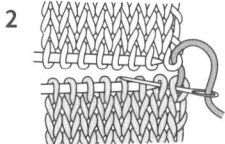 **2**
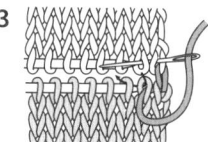 **3**
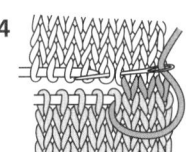 **4**

앞쪽 뜨개바탕의 가장자리 코 안쪽에서 실을 빼내 뒤쪽 뜨개바탕의 가장자리 코에 바늘을 넣는다.

앞쪽의 가장자리 코로 되돌아가서 겉쪽에서 바늘을 넣고 둘째 코의 겉쪽으로 바늘을 빼낸다.

뒤쪽의 가장자리 코 겉쪽에서 바늘을 넣고 둘째 코의 겉쪽으로 바늘을 빼낸다.

2, 3 을 반복한다.

◎ 메리야스 잇기 (양쪽 코가 코막음 되어 있을 때)

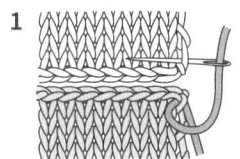 **1**
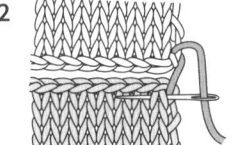 **2**
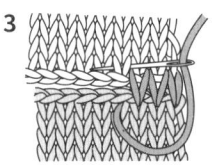 **3**

앞쪽 뜨개바탕의 가장자리 코에 실을 빼내 뒤쪽 뜨개바탕의 가장자리 코에 바늘을 넣는다.

앞쪽의 가장자리 코로 되돌아가서 겉쪽에서 바늘을 넣고 둘째 코의 겉쪽으로 바늘을 빼낸다.

뒤쪽은 'V' 모양의 코에, 앞쪽은 'Λ' 모양의 코를 건진다.

◎ 안메리야스 잇기

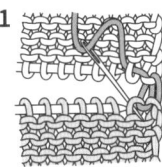 **1**

앞쪽 뜨개바탕의 가장자리 코에서 뒤쪽 뜨개바탕의 가장자리 코에 겉쪽에서 바늘을 넣은 뒤 뒤쪽에서 앞쪽 코로 바늘을 빼내고, 둘째 코의 겉쪽에서 바늘을 넣는다. 안쪽에서 뒤쪽 뜨개바탕의 코로 바늘을 빼낸 뒤 둘째 코에 바늘을 넣고, 앞쪽 2코로 바늘을 빼낸다.

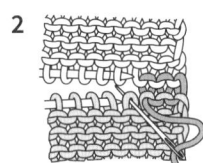 **2**

1 을 반복하여 1코에 2번씩 바늘을 넣어서 안뜨기를 만든다.

◎ 1코 고무뜨기 코막음 (원통형일 때)

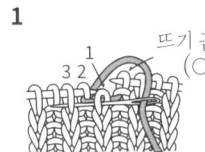 **1**
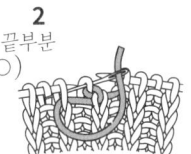 **2**
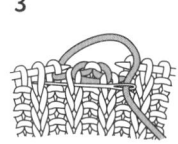 **3**
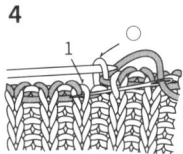 **4**
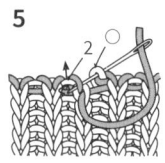 **5**
6

2의 코에 돗바늘을 넣고 이어서 1과 3의 코에 돗바늘을 넣는다.

겉뜨기코를 건너뛰어 안뜨기코와 겉뜨기코에 바늘을 넣는다.

안뜨기코를 건너뛰어 겉뜨기코와 겉뜨기코에 바늘을 넣는다.

2, 3 을 반복한 뒤 마지막은 1의 코에 돗바늘을 넣는다.

○의 코와 2의 코 (안뜨기코)에 돗바늘을 넣어 화살표 방향으로 빼낸다.

◎ 2코 고무뜨기 코막음 (왕복뜨기일 때)

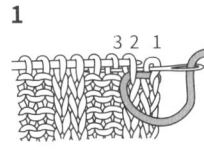 **1**
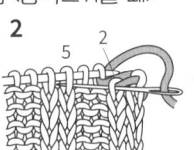 **2**
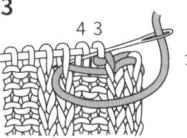 **3**
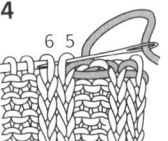 **4**
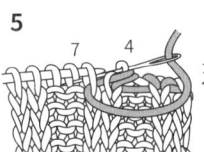 **5**
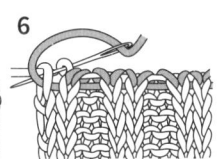 **6**

1, 2의 코 뒤쪽에서 돗바늘을 넣은 뒤 1의 코 앞쪽에서 바늘을 넣고 2를 건너뛰어 3의 앞쪽에서 뒤쪽으로 돗바늘을 빼낸다.

2의 코 앞쪽에서 돗바늘을 넣은 뒤 안뜨기코 2코를 건너뛰고 5의 코로 돗바늘을 빼낸다.

3의 코 뒤쪽에서 돗바늘을 넣은 뒤 4의 코 앞쪽에서 뒤쪽으로 돗바늘을 빼낸다.

5의 코 앞쪽에서 돗바늘을 넣은 뒤 6의 코 뒤쪽에서 앞쪽으로 돗바늘을 빼낸다.

4의 코로 되돌아와서 뒤쪽에서 돗바늘을 넣은 뒤 2코를 건너뛰고 7의 코에 앞쪽에서 뒤쪽으로 돗바늘을 빼낸다.

2~5를 반복한 뒤 마지막은 안뜨기코와 겉뜨기코에 바늘을 넣어 실을 빼낸다.

◎ 코와 단 잇기 ※ 뜨기 끝부분이 코막음 되어 있을 때도 같은 방법으로 잇는다

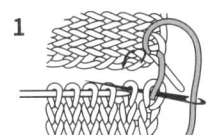 **1**
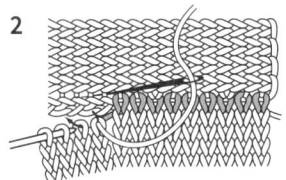 **2**

위쪽 뜨개바탕의 단은 가장자리 코와 둘째 코 사이에 걸쳐진 실을 건지고, 아래쪽 뜨개바탕의 코는 메리야스 잇기의 방법으로 바늘을 넣는다.

맞대어 잇는 콧수보다 단수가 많은 경우에는 군데군데 1코에 2단씩 건지면서 균형을 맞춰 잇는다.

◎ 빼뜨기로 꿰매기

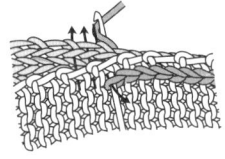

뜨개바탕을 겉끼리 맞댄 뒤 가장자리에서 첫째 코와 둘째 코 사이에 코바늘을 넣고 실을 걸어 빼낸다.

◎ 떠서 꿰매기

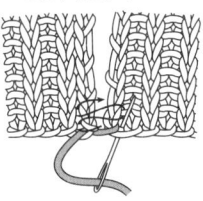

첫째 코와 둘째 코 사이에 걸쳐진 실을 1단씩 번갈아 건진다. 실을 잡아당겨 조인다.

코바늘뜨기의 기초

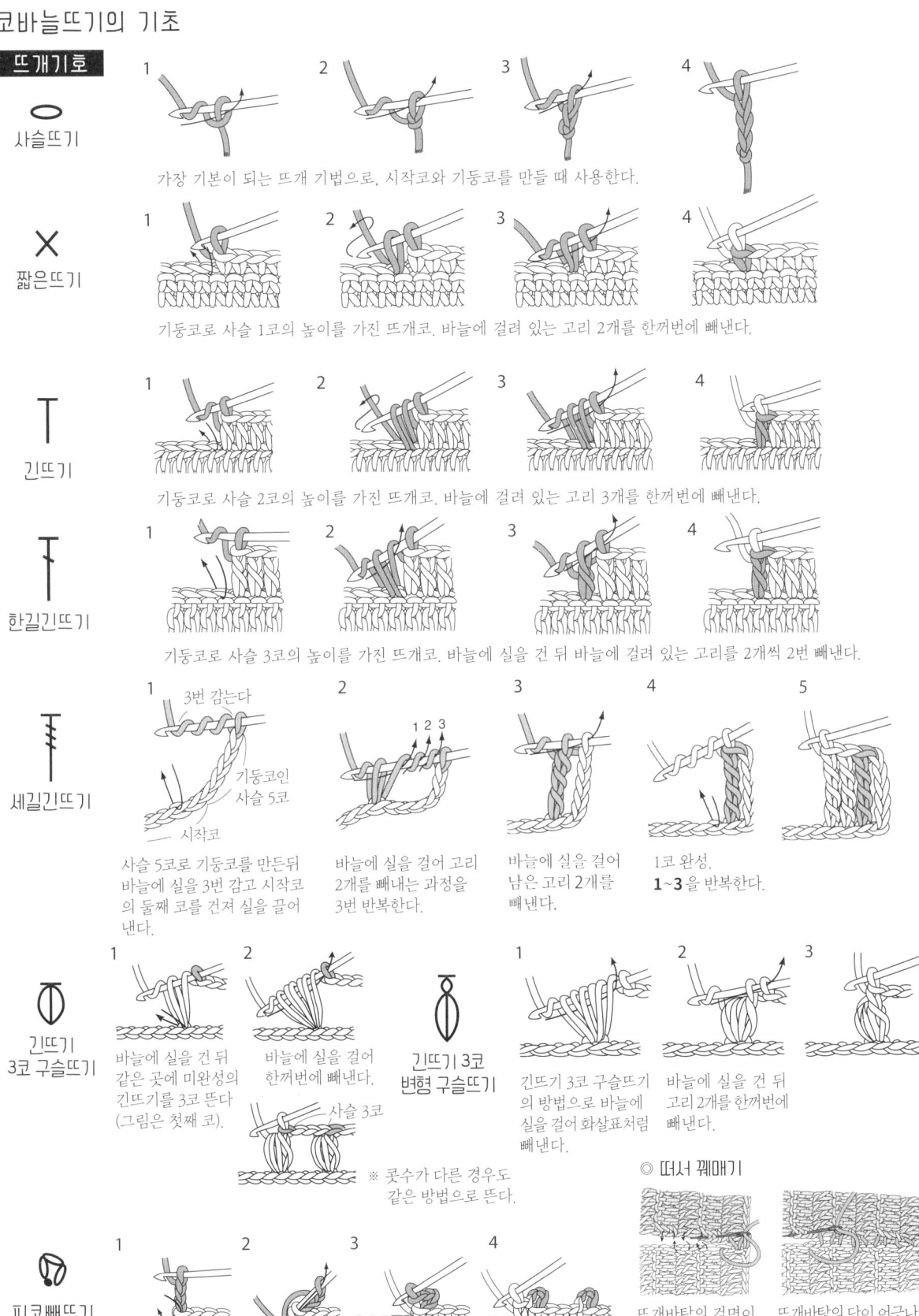

사슬뜨기 ○

1 2 3 4

가장 기본이 되는 뜨개 기법으로, 시작코와 기둥코를 만들 때 사용한다.

짧은뜨기 ×

1 2 3 4

기둥코로 사슬 1코의 높이를 가진 뜨개코. 바늘에 걸려 있는 고리 2개를 한꺼번에 빼낸다.

긴뜨기 T

1 2 3 4

기둥코로 사슬 2코의 높이를 가진 뜨개코. 바늘에 걸려 있는 고리 3개를 한꺼번에 빼낸다.

한길긴뜨기

1 2 3 4

기둥코로 사슬 3코의 높이를 가진 뜨개코. 바늘에 실을 건 뒤 바늘에 걸려 있는 고리를 2개씩 2번 빼낸다.

세길긴뜨기

1 2 3 4 5

3번 감는다
기둥코인 사슬 5코
시작코
1 2 3

사슬 5코로 기둥코를 만든뒤 바늘에 실을 3번 감고 시작코의 둘째 코를 건져 실을 끌어낸다.

바늘에 실을 걸어 고리 2개를 빼내는 과정을 3번 반복한다.

바늘에 실을 걸어 남은 고리 2개를 빼낸다.

1코 완성.
1~3을 반복한다.

긴뜨기 3코 구슬뜨기

1 2

바늘에 실을 건 뒤 같은 곳에 미완성의 긴뜨기를 3코 뜬다 (그림은 첫째 코).

바늘에 실을 걸어 한꺼번에 빼낸다.

사슬 3코

긴뜨기 3코 변형 구슬뜨기

1 2 3

긴뜨기 3코 구슬뜨기의 방법으로 바늘에 실을 걸어 화살표처럼 빼낸다.

바늘에 실을 건 뒤 고리 2개를 한꺼번에 빼낸다.

※ 콧수가 다른 경우도 같은 방법으로 뜬다.

피코빼뜨기

1 2 3 4

사슬 3코를 뜬 뒤 바늘을 넣어서 빼낸다.

◎ **떠서 꿰매기**

뜨개바탕의 겉면이 위로 오게 맞댄 뒤, 뜨개바탕 가장자리의 코를 갈라서 번갈아 건진다.

뜨개바탕의 단이 어긋나지 않도록 꿰매어 잇는다.

흰 실로 뜨는 스웨터

2023년 1월 1일 초판 1쇄 발행

지은이 | 사이치카
발행인 | 신재은
옮긴이 | 김수연
감수 | 최정민

발행처 | 마피아싱글하우스
출판등록 | 2014년 4월 23일(제2014-000077호)

주소 | 서울특별시 동작구 동작대로35길 67 1F
전화 | (02) 579-2877
팩스 | (02) 6008-9915
홈페이지 | www.mafiasinglehouse.com
인스타그램 | @mafia_single_house
ISBN 979-11-958488-7-4 13630

원서 스태프

북 디자인	하다이즈미
촬영	오단 마치코
	나카쓰지 와타루(프로세스)
스타일링	다나카 미와코
헤어 메이크업	히로세 루미
모델	모토라 세리나
제작 협력	다자와 이쿠코
	도쿠나가 호즈미
	노나미 루미코
도안	다이라쿠 사토미(day studio)
교열	무카이 마사코
편집	사토 노리코(Little Bird)
	미스미 사야코(문화출판국)
일본어판 발행인	오누마 스나오

Mafia single house 「마피아 싱글하우스」는 꿈이 있는 사람들을 위한 수공예 전문 출판사입니다.